LE
CONTRAT DE MARIAGE

ET LES

DROITS RESPECTIFS DES ÉPOUX

LES DROITS DE LA FEMME DANS LA FAILLITE DU MARI

SON HYPOTHÈQUE LÉGALE

PAR

Jules MEILLENCOURT,

SYNDIC DE FAILLITES AU TRIBUNAL DE COMMERCE DE LA SEINE.

PARIS

IMPRIMERIE ET LITHOGRAPHIE FÉLIX MALTESTE ET Cie

22, rue des Deux-Portes-Saint-Sauveur, 22

1869

LE CONTRAT DE MARIAGE

ET LES

DROITS RESPECTIFS DES ÉPOUX

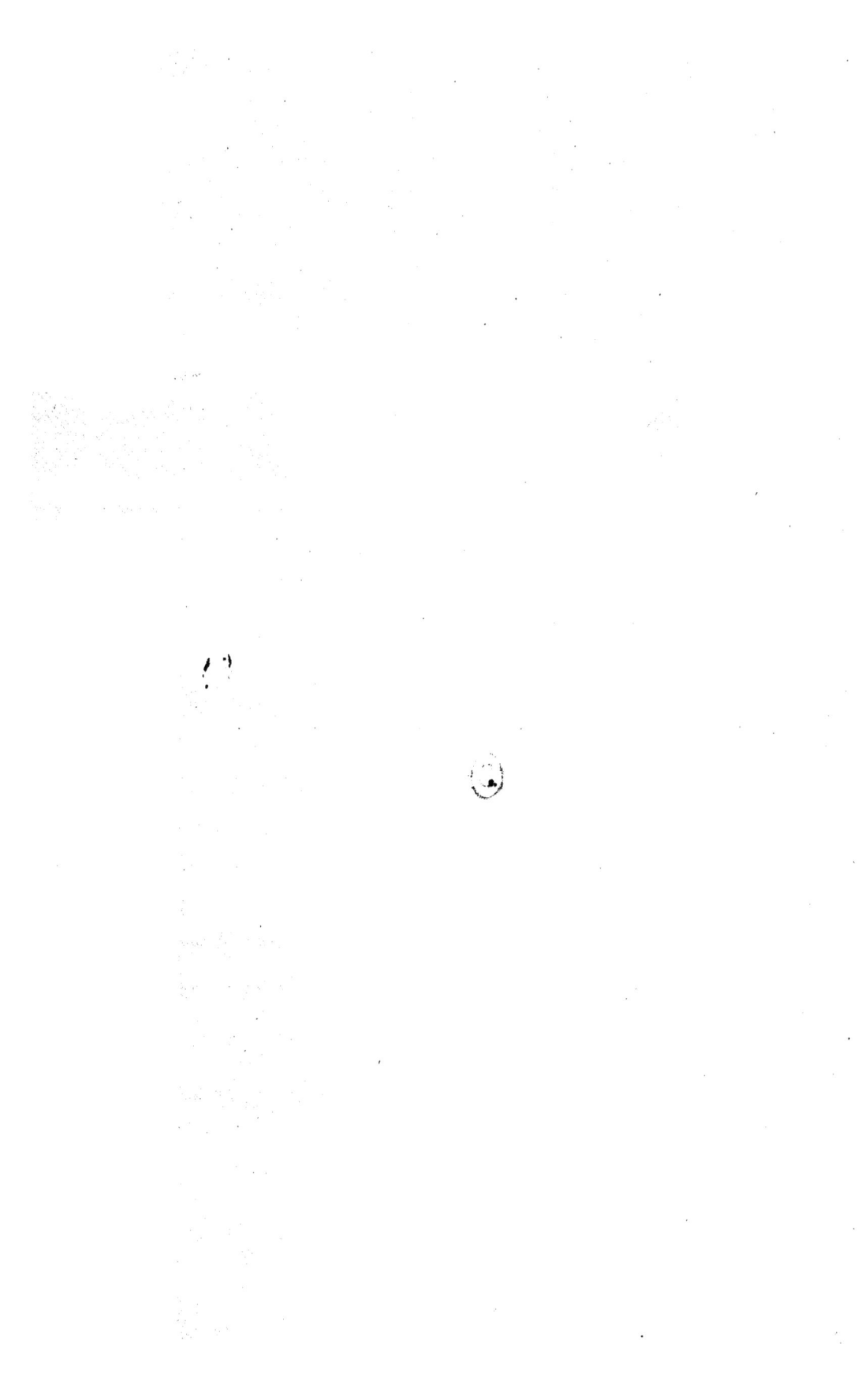

LE

CONTRAT DE MARIAGE

ET LES

DROITS RESPECTIFS DES ÉPOUX

LES DROITS DE LA FEMME DANS LA FAILLITE DU MARI

SON HYPOTHÈQUE LÉGALE

PAR

Jules MEILLENCOURT,

SYNDIC DE FAILLITES AU TRIBUNAL DE COMMERCE DE LA SEINE.

PARIS

IMPRIMERIE ET LITHOGRAPHIE FÉLIX MALTESTE ET Cie

22, rue des Deux-Portes-Saint-Sauveur, 22

—

1869

PRÉFACE

Un très-honorable magistrat a pensé qu'il pouvait être utile, notamment aux personnes dont les occupations de chaque jour laissent peu de loisirs, d'avoir sous les yeux un résumé en forme de tableau du *contrat de mariage et des droits respectifs des époux*, pour y trouver d'un coup d'œil la marche à suivre, les formalités à remplir dans les circonstances graves de la vie conjugale, et la solution des difficultés sans nombre que font naître trop souvent la dissolution et la liquidation de la société de l'homme et de la femme unis par le mariage. J'ai partagé cette pensée et j'ai fait un résumé que je livre sans autre désir que celui d'être utile.

Combien, en effet, il est essentiel pour tous de pouvoir apprécier rapidement, sans perte de temps, l'étendue des droits, des devoirs et des obligations des époux ; et combien est grand l'embarras de ceux-ci lorsqu'ils doivent prendre une détermination et agir.

Voyez, par exemple, le père de famille qui choisit pour le mariage de sa fille le régime à adopter. Il hésite souvent entre le régime de la communauté et le régime dotal, les deux extrêmes. Le premier séduit généralement parce que le mari et la femme sont intéressés au même degré à la prospérité du ménage, parce qu'ils peuvent disposer de leur

fortune comme bon leur semble, et que le mari surtout a
des pouvoirs très-étendus : mais que de dangers à courir !
Par cela même que le mari, sous ce régime, est maître ab-
solu de tout le patrimoine mobilier, il peut ruiner sa femme
en se ruinant dans de mauvaises spéculations ou par de folles
dépenses et même des libéralités ! Le second, c'est-à-dire le
régime dotal, offre plus de sécurité à la femme puisqu'il a
précisément pour effet de conserver sa fortune : mais aussi
que d'inconvénients il présente ! Ici la femme n'est pas inté-
ressée à la prospérité du ménage et le mari ne peut se servir
de la dot, ce qui paralyse quelquefois ses efforts et le suc-
cès de ses entreprises. Je me rappelle, à ce sujet, avoir
connu, il y a déjà longtemps, deux vieillards qui se trouvaient
privés des choses les plus nécessaires à la vie, quoique pos-
sédant un certain patrimoine, parce que mariés sous le
régime dotal, leurs dépenses étaient limitées aux revenus
insuffisants d'une dot inaliénable !

Supposons maintenant que le régime est choisi et que les
futurs sont mariés. Les événements vont se succéder nécessairement, fatalement. Que ces événements soient heureux
ou malheureux, ils nécessiteront tous des précautions à
prendre et des formalités qu'il ne faudra pas oublier de remplir à temps. Ainsi, par exemple, une succession échoit à la
femme, il faut faire inventaire et prendre qualité. Un immeuble propre est aliéné, il faut toucher le prix et faire le
remploi. Le mari ne réussit pas dans ses affaires, la dot de la
femme est en péril, il faut obtenir une séparation de biens,
fa liquider et payer les reprises. La faillite du mari arrive,
la femme est appelée à exercer ses droits, mais quels sont-
ils ? Comment fera-t-elle valoir son hypothèque légale et sur
quels biens ? Et puis, chose importante, sera-t-elle admise à
voter le concordat de son mari en renonçant à son hypothèque légale ? Ou bien la communauté est dissoute par le
décès de l'un des époux, il faut la liquider avec des héritiers,
fixer les récompenses, déterminer la part revenant à chacun

dans les fruits naturels et les fruits civils, et enfin procéder au partage.

Les créanciers, de leur côté, sont intéressés à ces débats et à ces opérations. Ils doivent agir pour le recouvrement de leurs créances suivant que l'obligation a été prise conjointement par les époux, ou souscrite solidairement. Puis, en matière de faillite, la loi leur permet d'exercer les droits de la femme lorsqu'elle est leur débitrice, mais il leur est défendu de demander la séparation de biens sans son consentement. Or, comment feront-ils si la femme ne veut pas de séparation et si elle ne fait pas, par suite, fixer l'importance de ses reprises ?

On trouvera dans mon travail, que j'ai fait suivre d'une table pour faciliter les recherches, l'énumération des principes et des règles concernant les différents régimes sous lesquels le mariage peut avoir lieu, et la solution des difficultés auxquelles leur application donne naissance, ainsi que toutes les dispositions relatives à l'hypothèque légale de la femme et aux droits qu'elle peut exercer en cas de faillite du mari. J'ai traité à l'occasion de la faillite et des droits de la femme diverses questions pratiques que l'on trouvera sous le § 6 du chapitre 1er, page 18 et suivantes.

JULES MEILLENCOURT.

Paris, le 25 août 1869.

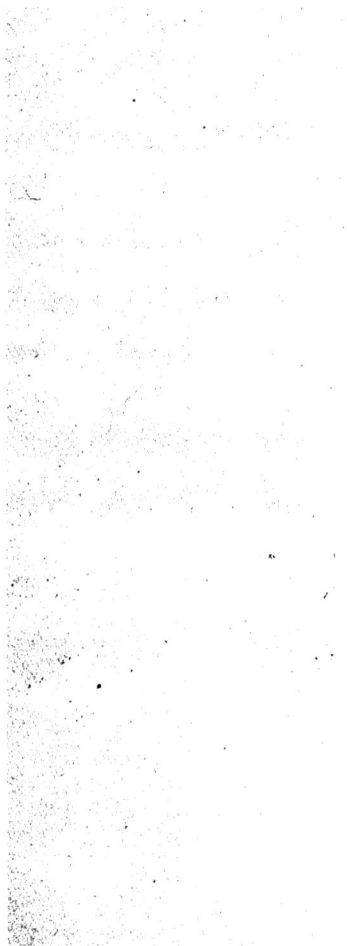

RÉSUMÉ

DU

CONTRAT DE MARIAGE

ET DES

DROITS RESPECTIFS DES ÉPOUX

ARTICLES 1387 à 1581

~~~~~~

DE L'HYPOTHÈQUE LÉGALE DE LA FEMME

ET DE

SES DROITS DANS LA FAILLITE DU MARI

~~~~~~

DISPOSITIONS GÉNÉRALES

I.

Le mariage peut avoir lieu sous l'un des quatre régimes suivants : Régimes sous lesquels on peut se marier.

1º Le régime de communauté (1399-1528) ;
2º Le régime sans communauté (1529-1535) ;
3º Le régime de séparation de biens (1536-1539) ;
4º Le régime dotal (1540-1581).

Lorsque le mariage a lieu sans contrat, la loi impose aux époux le régime de communauté qui forme le droit commun.

Les parties peuvent modifier par le contrat ces différents régimes, les combiner entre eux pour en créer un régime à part. Elles jouissent à cet égard d'une entière liberté (1387).

II.

En principe, le mineur non émancipé est incapable de contracter. Capacité des époux.
Mais, par exception, le mineur habile à contracter mariage, c'est-à-dire âgé de dix-huit ans accomplis, si c'est un fils, de quinze ans si c'est une fille (sauf le cas de dispense d'âge) peut, avec l'assistance

1

non pas de son tuteur ou de son curateur, mais des personnes dont le consentement est requis pour la validité de son mariage, faire les mêmes conventions que pourrait faire un majeur de vingt et un ans (1398).

Cependant une fille mineure ne peut pas, même avec l'assistance de ses ascendants, restreindre son hypothèque légale, quoique cela soit permis aux filles majeures (2140).

D'un autre côté, toute personne ayant capacité suffisante pour se marier, n'est pas toujours capable de disposer seule de ses biens par contrat de mariage. Ainsi la personne pourvue d'un conseil judiciaire peut se marier sans l'assistance de son conseil, et ne peut pas sans le concours de ce dernier faire une donation par contrat à son futur époux (499, 513).

III.

Le contrat de mariage et le mariage. Il ne faut pas confondre le contrat de mariage avec le mariage, qui est aussi un contrat. Le premier est reçu par un notaire dans la forme ordinaire des actes notariés; il réglemente les intérêts pécuniaires des époux. Le second se fait devant l'officier de l'état civil. C'est le contrat principal; sans lui le contrat de mariage, qui le précède toujours, ne produit aucun effet.

Dès que le mariage est célébré, le contrat de mariage devient irrévocable et les parties ne peuvent plus y apporter aucune modification. Mais jusque-là il n'est qu'un projet, qui peut être abandonné ou seulement modifié en se conformant aux dispositions des art. 1396 et 1397.

Loi du 10 juillet 1850. Sous le régime de la communauté, la femme autorisée de son mari est capable de s'obliger et de contracter. Il n'en est pas de même sous le régime dotal. La femme ne peut, sous ce régime, même avec l'autorisation de son mari, ni hypothéquer ni aliéner ses immeubles dotaux, et l'exécution des obligations par elle contractées ne peut être poursuivie que sur son mobilier ou sur ses immeubles paraphernaux (1554).

Les tiers ont donc le plus grand intérêt à connaître le régime sous lequel le mariage a eu lieu. C'est pour leur permettre de se renseigner que la loi du 10 juillet 1850 exige :

1º Que les futurs époux déclarent à l'officier de l'état civil qui célèbre leur mariage s'ils ont ou non fait un contrat de mariage, et, en cas d'affirmative, la date de leur contrat, ainsi que les noms et la résidence du notaire qui l'a reçu;

2o Que l'officier de l'état civil fasse mention de leur déclaration dans l'acte de célébration du mariage.

Lorsque la déclaration faite par les parties est mensongère, la femme est alors, envers les tiers, capable de contracter dans les termes du droit commun , à moins qu'elle ne déclare dans l'acte qui contient son engagement avoir fait un contrat de mariage.

IV.

Dans le but de favoriser le mariage, la loi a permis aux époux de stipuler certaines conventions prohibées en droit commun. Ainsi : **Conventions permises.**

1o Deux personnes ne pourraient pas mettre en commun leurs biens à venir en pleine propriété (1837) ; cette convention est permise entre époux (1526).

2o La clause qui attribue à l'un des associés la totalité des bénéfices est nulle entre associés ordinaires (1855) et valable entre époux (1525).

3o Les donations de biens à venir, les donations faites sous des conditions protestatives de la part du donateur, sont prohibées dans les cas ordinaires (943-946) et permises dans le contrat de mariage (947).

Mais la loi prohibe certaines conventions. Ainsi les époux ne peu- **Conventions prohibées.** vent déroger ni aux droits résultant de la puissance maritale sur la personne de la femme et des enfants, ou qui appartiennent au mari comme chef, ni aux droits conférés au survivant des époux, par le titre de la puissance paternelle et par le titre de la minorité, de la tutelle et de l'émancipation, ni aux dispositions prohibitives du Code (1388).

Ils ne peuvent faire aucune convention ou renonciation dont l'objet serait de changer l'ordre légal des successions, soit par rapport à eux-mêmes dans la succession de leurs enfants ou descendants, soit par rapport à leurs enfants entre eux (1389).

CHAPITRE PREMIER

DE LA COMMUNAUTÉ LÉGALE

Dans quels cas il y a communauté légale. — Ses effets.

La communauté est légale ou conventionnelle.

La première est celle dont les effets sont réglés par la loi; la seconde est la communauté légale, modifiée par la convention des parties.

La communauté légale existe dans deux cas : 1° lorsque dans leur contrat de mariage les époux déclarent simplement qu'ils acceptent le régime de communauté; 2° lorsqu'ils se marient sans contrat (1400).

La communauté est donc l'œuvre des parties puisqu'elle a pour cause immédiate leur volonté expresse ou tacite. Il en résulte qu'elle forme un statut personnel applicable tant aux biens situés à l'étranger qu'aux biens situés en France. Si la communauté avait été considérée comme l'œuvre de la loi, elle eût formé un statut réel applicable aux biens situés en France seulement.

Elle commence du jour du mariage contracté devant l'officier de l'état civil (1399).

Patrimoine de la communauté.

A partir de ce jour trois patrimoines existent : 1° celui du mari; 2° celui de la femme; 3° et le patrimoine commun aux deux époux, appelé patrimoine de la communauté.

En réalité le patrimoine de la communauté absorbe les deux autres au moins quant à la jouissance. En effet, les biens personnels aux époux lui appartiennent soit en toute propriété soit en jouissance seulement.

Mais il convient de suivre le système indiqué par la loi et de distinguer les biens qui tombent dans la communauté de ceux qui restent propres aux époux.

§ Ier. — BIENS COMMUNS.

Énumération des biens qui tombent dans la communauté.

Tombent dans la communauté en pleine propriété :

1° Les meubles corporels et les meubles incorporels, meubles meublants, créances et actions ayant pour objet des effets mobiliers, actions ou intérêts dans les compagnies de commerce ou d'industrie (529), rentes perpétuelles ou viagères (529 et 530), successions mobilières déjà ouvertes au moment du mariage; le mobilier qui échoit aux époux pendant le mariage, par succession ou donation, si le donateur n'a exprimé le contraire, en un mot, tout ce qui n'est pas immeuble (1401).

2o Les immeubles acquis dans l'intervalle des deux contrats, en échange de choses mobilières destinées à y tomber (1404).

L'immeuble acquis dans l'intervalle des deux contrats resterait propre à l'époux acquéreur, bien qu'il eût été acquis moyennant l'aliénation d'un capital mobilier, si l'acquisition avait été prévue et réglée d'avance par le contrat.

3o Tous les biens, meubles ou immeubles, acquis pendant le mariage (1401).

4o Les immeubles dont aucun des époux ne peut justifier être personnellement propriétaire au moment de la dissolution de la communauté (1401, 1402).

5o Tous les fruits, revenus, intérêts et arrérages, de quelque nature qu'ils soient, échus ou perçus pendant le mariage, et provenant des biens qui appartenaient aux époux, lors de sa célébration, ou de ceux qui leur sont échus pendant le mariage, à quelque titre que ce soit (1401). *La communauté usufruitière des propres.*

Les produits d'un immeuble ne sont pas toujours des fruits qui doivent nécessairement tomber dans la communauté. Il faut rechercher si avant l'acquisition du droit d'usufruit, c'est-à-dire avant le mariage, l'immeuble était destiné au genre d'exploitation qu'il a au moment de la perception (598). Les produits n'appartiennent à la communauté que lorsque l'exploitation existait déjà au moment du mariage. Ainsi les coupes de bois et les produits des usines et carrières appartiennent à l'époux propriétaire du fonds dont ils sont détachés, ou à la communauté, suivant que les bois ont été mis en coupe réglée et les usines et carrières ouvertes avant ou pendant le mariage (1403). *Bois, mines et carrières.*

Par exception aux règles de l'usufruit ordinaire, lorsqu'une perception de fruits n'a pas été faite quand elle pouvait et devait l'être durant la communauté, l'époux propriétaire du sol sur lequel la perception était à faire doit indemnité ou récompense à la communauté. S'il en était autrement il serait trop facile à l'époux propriétaire de s'enrichir au détriment de la communauté en différant jusqu'après sa dissolution la perception dont il veut profiter seul. *Perception de fruits faite après la dissolution de la communauté.*

Espèces particulières :

Créance alternative.

1º L'un des époux apporte en mariage une créance alternative d'un meuble ou d'un immeuble. Cette créance tombe-t-elle dans la communauté?

Le paiement seul déterminera la nature de la créance. Si c'est l'immeuble qui est payé, il restera propre; si c'est la somme, elle tombera dans la communauté.

Créance facultative.

2º *Quid* d'une créance facultative? Une créance de 20,000 francs a été léguée à l'un des époux, mais le testateur a laissé à son héritier la faculté de se libérer en payant tel immeuble; ou bien, c'est l'immeuble qui a été légué avec faculté pour l'héritier de se libérer en payant 20,000 francs.

Ici la nature de la créance est déterminée *a priori*. Dans le premier cas, la créance tombe dans la communauté qui devient propriétaire de l'immeuble, si le débiteur se libère en payant un immeuble; dans le second cas, la créance léguée reste propre, alors même que le débiteur se libère en payant une somme d'argent.

Action dans une société de commerce.

3º L'un des époux apporte une action dans une société de commerce, laquelle comprend des meubles et des immeubles. Cette action tombera-t-elle dans la communauté ou restera-t-elle propre?

Il y a lieu de distinguer :

Pendant le cours de la société le droit de chaque associé a uniquement pour objet les profits à faire, lesquels sont toujours mobiliers (529). Par conséquent si la société dure encore au moment du mariage, l'action tombe dans la communauté, car elle est purement mobilière.

Mais que décider si la société est déjà dissoute au moment du mariage, alors que le droit de chaque associé porte également sur les meubles et sur les immeubles?

Les uns prétendent que tout reste en suspens jusqu'au moment du partage, lequel n'est pas translatif des droits de propriété, mais simplement déclaratif, et que l'époux devra être considéré comme ayant toujours été propriétaire de chaque meuble ou de chaque immeuble compris dans son lot. D'autres, au contraire, soutiennent que tout est fixé *a priori;* que si, par exemple, la société est composée de 400 fr. dont 100 fr. en meubles et 300 fr. en immeubles, le droit de l'époux, s'il est associé pour un quart, est mobilier jusqu'à concurrence de 25 fr. et immobilier jusqu'à concurrence de 75 fr. La communauté prend les 25 fr. et le surplus reste propre à l'époux.

Succession mobilière et immobilière.

4º La question est semblable à celle qui précède, lorsque dès avant son mariage l'un des époux était cohéritier dans une succession tout à la fois mobilière et immobilière.

5º Que doit-on décider à l'égard du trésor trouvé par l'un des époux ?

Lorsque le trésor a été découvert dans le fonds d'autrui, la moitié que la loi attribue à l'inventeur tombe dans la communauté. Sur ce point on est généralement d'accord, mais il n'en est pas de même lorsque le trésor est découvert dans le fonds de l'un des époux. Les uns soutiennent que l'époux propriétaire du sol acquiert le trésor à titre d'accession ; d'autres, au contraire, soutiennent que le trésor est un meuble qui tombe forcément dans la communauté puisqu'à son égard il n'existe aucune exception dans la loi.

Trésor trouvé par l'un des époux.

6º En principe la communauté n'est qu'usufruitière des propres mobiliers, mais dans certains cas elle en devient propriétaire et l'époux n'a contre elle qu'un droit de créance. Pour connaître l'étendue des droits de chacun il faut faire une distinction entre les choses fongibles et celles qui ne le sont pas.

Si les propres mobiliers se consomment par le premier usage, ou sont destinés à être vendus promptement, ils sont choses fongibles. La communauté en acquiert la propriété et peut en disposer comme bon lui semble. En effet, le quasi-usufruit emporte toujours acquisition des objets qui y sont soumis (585). Dans ce cas, l'époux n'a contre la communauté qu'un droit de créance.

Distinction à faire entre les choses fongibles et celles qui ne le sont pas pour connaître les droits de la communauté.

Mais il en est autrement, c'est-à-dire que l'époux reste propriétaire et la communauté n'a qu'un droit d'usufruit ordinaire, lorsque les propres mobiliers sont des corps certains qui ne se consomment pas par le premier usage, ou des objets non destinés par leur nature à être vendus (589).

Ainsi la femme a vendu un de ses immeubles. La créance du prix n'étant pas chose fongible lui reste propre. Le mari ne peut, bien entendu, en toucher le montant qu'avec le concours de sa femme. Mais lorsque le prix est payé, la somme reçue étant une chose fongible, la communauté l'acquiert, sauf récompense, en sa qualité de quasi-usufruitière (1433).

Prix de l'immeuble de la femme touché pendant la communauté.

De même, les bois et les produits des mines et carrières propres à l'un des époux tombent dans la communauté, sauf récompense, parce que ces objets étant, par leur nature, destinés à être vendus, sont choses fongibles (1403 et 1581).

7º L'immeuble acquis à titre gratuit pendant le mariage reste propre à l'époux donataire. Mais que faut-il décider lorsque l'immeuble a été donné par un seul et même contrat, au mari et à sa

Immeuble donné par un seul contrat, au mari et à la femme, sans désignation de part.

femme, sans désignation de parts? Est-il commun ou propre pour moitié à chaque époux?

Voici l'intérêt de la question : si l'immeuble est commun, le mari peut l'aliéner sans le consentement de sa femme (1421); s'il est propre pour moitié à chaque époux, le mari ne peut aliéner que sa portion. Dans le premier cas, si la femme renonce à la communauté le mari garde l'immeuble en totalité ; dans le second, la femme, même renonçante, reprend sa moitié.

La question est controversée. Selon M. Bugnet l'immeuble est propre à chaque époux, selon M. Valette, au contraire, l'immeuble est commun.

Soulte plus importante que la valeur de l'immeuble aliéné par l'un des époux en échange d'un autre immeuble. 8° Aux termes de l'art. 1407, l'immeuble acquis pendant le mariage à titre d'échange contre l'immeuble appartenant à l'un des deux époux, n'entre point en communauté, et est subrogé au lieu et place de celui qui a été aliéné, sauf la récompense s'il y a soulte. Cet article peut faire naitre une difficulté lorsque la soulte est plus importante que la valeur de l'immeuble donné en échange par l'époux. Dans ce cas on pourrait soutenir, en effet, qu'il s'agit d'une acquisition et non d'un échange, que par suite l'immeuble acquis restera propre à l'époux jusqu'à concurrence de la valeur de l'immeuble aliéné et qu'il sera commun pour le surplus.

§ II. — BIENS PROPRES.

I. — PROPRES MOBILIERS.

Propres mobiliers. Il faut considérer comme tels :

1° Le mobilier inhérent à un immeuble et incorporé par le propriétaire. C'est ce qu'on appelle immeuble par destination.

2° Les meubles qui ont été donnés ou légués à l'un des époux sous la condition expresse qu'ils n'entreront pas en communauté.

La condition d'exclusion doit être formellement exprimée. La volonté des époux serait impuissante pour exclure de la communauté des objets qui doivent nécessairement y tomber, si le donateur ou le testateur n'a pas exprimé le contraire.

3° Les meubles acquis en échange d'un propre mobilier ou immobilier.

4° Toutes les fractions détachées d'un propre, lorsque ces fractions de propre n'ont pas le caractère de fruits.

Ainsi, par exemple, lorsque pendant le mariage un bois de haute futaie propre à l'un des époux est mis en coupe réglée, lorsqu'une usine ou une carrière est ouverte sur les immeubles propres, les produits restent propres, comme le propre dont ils ont été détachés.

Bois de haute futaie mis en coupe réglée pendant la communauté.

Carrière ouverte sur un propre.

5o Enfin le mobilier qui excède ce que l'on peut donner à son deuxième conjoint en cas d'enfants du premier lit (art. 1098).

II. — PROPRES IMMOBILIERS.

Les immeubles propres sont :

Les propres immobiliers.

1o Ceux dont les époux étaient propriétaires avant le mariage. Il faut en excepter l'immeuble qui a été acquis dans l'intervalle des deux contrats en échange de choses mobilières destinées à tomber dans la communauté (1404).

2o Ceux qui sont acquis pendant le mariage, lorsque la cause d'acquisition est préexistante au mariage.

Ainsi, par exemple, l'immeuble prescrit pendant le mariage appartient à l'époux qui en aurait, avant le mariage, la possession légale. On sait que la prescription est moins une cause d'acquisition que la présomption légale d'une cause légitime d'acquisition antérieure d'un seul instant de raison à la possession.

Ainsi encore, l'un des époux a acheté ou reçu un immeuble à titre d'échange ou de donation avant le mariage, mais sous condition suspensive. Cet immeuble reste propre à l'époux qui, pendant le mariage, l'acquiert par la réalisation de la condition. La condition accomplie a un effet rétroactif au jour même du contrat (1179).

De même, lorsque l'un des époux a aliéné un immeuble avant le mariage, mais sous une condition résolutoire, cet immeuble reste propre à l'époux aliénateur, quoique la condition résolutoire se réalise pendant le mariage. Dans ce cas, l'époux n'a pas cessé d'être propriétaire de son immeuble.

3o Les immeubles acquis à titre de succession, legs ou donation, à moins que le disposant n'ait manifesté une volonté contraire.

4o Les immeubles cédés pendant le mariage par un ascendant, soit à titre de *datio insolutum*, soit à la charge, par l'époux cessionnaire, de payer les dettes du cédant.

Premier cas. — Au moment du mariage il était dû à l'un des époux une somme de 10,000 francs, la créance est tombée dans la communauté (1401).

Pendant le mariage, le débiteur, pour se libérer, fait abandon d'un immeuble. Cet immeuble tombera-t-il dans la communauté qui est devenue propriétaire de la créance, ou sera-t-il propre à l'époux qui était originairement créancier? Il faut distinguer : l'immeuble appartiendra à la communauté si l'abandon a été fait par un débiteur étranger; il sera propre à l'époux si l'abandon a été fait par un débiteur ascendant.

Deuxième cas. — Pendant le mariage l'un des époux reçoit un immeuble à la charge de payer les dettes du cédant. L'immeuble tombe dans la communauté si le cédant est un étranger; il est propre à l'époux si le cédant est un ascendant; mais dans ce cas l'époux doit récompense à la communauté pour les dettes qu'elle a payées.

5° Les immeubles acquis en échange d'un propre mobilier ou immobilier, sauf récompense s'il y a soulte.

6° Les immeubles acquis en remploi, c'est-à-dire avec le prix provenant d'un propre mobilier ou immobilier (1434 et 1435).

7° Les portions d'immeubles acquises par licitation ou à l'amiable par l'époux qui avait déjà, dans ces immeubles, à titre de propre, une portion indivise, sauf récompense à la communauté si une somme a été fournie par elle pour l'acquisition.

Aux termes de l'art. 1408, dans le cas où le mari devient seul, et en son nom personnel, acquéreur ou adjudicataire de portion ou de la totalité d'un immeuble appartenant par indivis à la femme, celle-ci, lors de la dissolution de la communauté, a le choix ou d'abandonner l'effet à la communauté, laquelle devient alors débitrice envers la femme de la portion appartenant à celle-ci dans le prix, ou de retirer l'immeuble en remboursant à la communauté le prix de l'acquisition.

§ III. — LE PASSIF DE LA COMMUNAUTÉ.

Dettes mobilières antérieures au mariage.

Les dettes à la charge de la communauté sont :

1° Les dettes mobilières dont les époux étaient grevés au moment de la célébration de leur mariage (1409).

Personnelles à la femme.

Mais aux termes de l'art. 1410, lorsque la dette est personnelle à la femme, le créancier qui veut se faire payer par la communauté est tenu de prouver que la dette a été contractée avant le mariage. Comment fera-t-il cette preuve?

Preuve à faire par le créancier.

Il peut invoquer la preuve testimoniale dans trois cas :

Lorsque la dette ne dépasse pas 150 francs (1341).

Lorsqu'elle est supérieure à 150 francs, s'il existe un commencement de preuve par écrit (1347).

Quel qu'en soit le chiffre, lorsqu'elle est née dans une circonstance telle qu'il a été impossible au créancier de se procurer une preuve écrite, par exemple, lorsque la dette est née d'un délit ou d'un quasi-délit (1348).

Dans tout autre cas, le créancier est tenu de représenter une preuve écrite de l'antériorité de sa créance, soit un acte authentique, soit un acte sous seing privé ayant acquis date certaine conformément à l'art. 1328

A défaut de preuve, le créancier ne peut poursuivre que la nue pro- *Défaut de preuve.* priété des biens de la femme.

Mais si le mari paye la dette sans réserve, la femme ne doit pas de récompense à la communauté. Il reconnaît l'antériorité.

Récompense est due à la communauté lorsque la dette qu'elle paye *Dette relative à un propre.* est relative à un propre, c'est-à-dire si la dette a eu pour cause l'acquisition, l'amélioration ou le recouvrement d'un immeuble propre, comme, par exemple, le prix de travaux exécutés à une maison.

On voit que les dettes antérieures au mariage ne tombent pas toutes *Dette payée par la communauté pour son propre compte, ou sauf récompense.* dans la communauté de la même manière, puisque les unes sont payées par elle pour son propre compte, et qu'elle en paye d'autres sauf récompense, c'est-à-dire sauf son recours contre l'époux qui en profite comme propriétaire du propre.

Toutes les fois, au surplus, que la communauté paye une dette qui n'a pas été contractée dans son intérêt, il lui est dû récompense. Comme, par exemple, le payement des dettes qui sont nées des délits du mari.

2° Les dettes, tant en capitaux qu'arrérages ou intérêts, contrac- *Les dettes contractées pendant la communauté.* tées par le mari pendant la communauté, ou par la femme, du consentement du mari, sauf la récompense à qui de droit, dans les cas où elle a lieu (1409, 1419, 1426, 220 ; C. com., 4 et 5).

Lorsque la femme contracte comme mandataire de son mari, elle *Par la femme comme mandataire du mari.* oblige son mari et la communauté (1420). Mais elle ne s'oblige pas, car le mandataire oblige le mandant sans s'obliger lui-même. (1984).

La femme qui contracte en son propre nom, sans l'autorisation de *Ou seulement avec l'autorisation de justice.* son mari, mais avec l'autorisation de justice, n'oblige la communauté que dans les cas prévus par l'art. 1427, c'est-à-dire lorsqu'il s'agit de tirer le mari de prison, ou de l'établissement des enfants en cas d'absence du mari.

Les dettes nées de ses délits ou quasi-délits n'engagent pas la *Les dettes nées des délits ou quasi-délits de la femme.* communauté.

La femme commune qui fait le commerce avec l'autorisation de son mari s'oblige et elle oblige le mari et la communauté (220 ; C. com., 4 et 5).

3° Les arrérages et intérêts seulement des rentes ou dettes passives qui sont personnelles aux deux époux (1409).

4° Les réparations usufructuaires des immeubles qui n'entrent point en communauté (1409).

La communauté étant usufruitière des propres des époux supporte sans récompense toutes les dettes qu'un bon père de famille paye avec ses revenus, toutes celles qui sont considérées comme charge de fruits.

5° Les aliments des époux, l'éducation et l'entretien des enfants, et toute autre charge du ménage (1409).

6° Les dettes mobilières des successions purement mobilières échues aux époux pendant le mariage (1409 et 1411). Les dettes mobilières des donations mobilières échues aux époux pendant le mariage (1418). Les dettes mobilières des successions et donations en partie mobilières et en partie immobilières, mais dans la proportion du mobilier comparé aux immeubles (1414 et 1418).

La communauté paye sans récompense les dettes des successions mobilières (et des donations mobilières) échues aux époux, puisqu'elle profite de l'actif mobilier.

La communauté paye également les dettes des successions immobilières échues au mari, mais sauf récompense lors de la dissolution de la communauté.

Elle n'est pas tenue de payer les dettes des successions immobilières échues à la femme. Si la femme a accepté la succession avec l'autorisation de justice, les créanciers ont action sur les biens héréditaires en toute propriété, et sur les biens personnels de la femme, en nue propriété seulement. Si elle est acceptée avec l'autorisation du mari, ils ont action sur la pleine propriété, tant des biens personnels de la femme que des biens de la succession (1413). C'est là une exception au principe que la femme qui s'oblige avec l'autorisation de son mari oblige également la communauté et son mari.

Lorsque la femme accepte avec l'autorisation de son mari une succession purement mobilière qui lui est échue, la communauté est tenue de payer les dettes et les créanciers ont action contre le mari, la femme et la communauté. Si la succession est acceptée avec l'autorisation de justice, en principe la communauté n'est pas tenue des dettes, mais elle peut être poursuivie jusqu'à concurrence du profit qu'elle a retiré en confondant avec ses biens le mobilier inventorié. Elle sera même tenue de payer toutes les dettes si le mari a négligé de faire un inventaire parce qu'en laissant confondre les biens de la succession avec ceux de la communauté il a enlevé aux créanciers le moyen d'en établir l'importance et il a reconnu tacitement que l'actif de la succession était au moins égal à son passif. *Conséquence du défaut d'inventaire.*

Lorsque la succession échue à la femme est à la fois mobilière et immobilière et qu'elle est acceptée avec l'autorisation du mari, la communauté est tenue de toutes les dettes, sauf récompense pour la portion applicable aux immeubles qui restent propres à la femme ; mais lorsque la succession n'a été acceptée qu'avec l'autorisation de justice, il faut distinguer : si le mari a inventorié le mobilier, la communauté n'est tenue que jusqu'à concurrence du mobilier inventorié ; elle est tenue pour le tout, si le mobilier a été confondu avec les biens sans inventaire préalable. *Dettes des successions qui sont à la fois mobilières et immobilières.*

Conséquence du défaut d'inventaire.

Ainsi, lorsqu'une succession purement immobilière est échue à la femme, la communauté n'est pas tenue des dettes, même alors que la succession est acceptée avec l'autorisation du mari. Lorsque, au contraire, la succession est tout à la fois mobilière et immobilière et qu'elle est acceptée avec l'autorisation du mari, la communauté est tenue de toutes les dettes, même de la portion correspondant à l'actif immobilier qui reste propre à la femme, mais celle-ci doit récompense à la communauté de cette portion.

Lors de la liquidation de la communauté un conflit peut s'engager entre le mari et la femme sur la question de savoir quelle portion de dettes doit supporter la communauté lorsque la succession échue à l'un des époux était tout à la fois mobilière et immobilière, et qu'il n'y pas eu d'inventaire. *Conflit que le défaut d'inventaire peut faire naître entre le mari et la femme lors de la liquidation de la communauté.*

Dans ce cas la femme peut établir la preuve de sa prétention tant par titre que par témoins et par la commune renommée.

Le mari ne peut justifier la sienne que par titre.

On voit qu'il a un grand intérêt à faire l'inventaire de toute succession échue à lui-même ou à sa femme.

Quant aux créanciers, les dettes qu'ils peuvent poursuivre sur la communauté, sauf récompense par l'époux libéré dans le cas ou elle a lieu, sont : *Droit de poursuite des créanciers.*

Les dettes antérieures au mariage du mari ou de la femme, sauf la distinction établie à l'égard de celle-ci, dans les art. 1409 et 1410.

Celles postérieures au mariage, contractées par les époux, ensemble ou séparément ; mais la femme doit être autorisée de son mari. Si elle n'a contracté qu'avec l'autorisation de justice, au refus du mari, les créanciers ne peuvent se pourvoir que sur l'objet pour lequel elle a contracté, et, en cas d'insuffisance, sur la nue propriété de ses autres biens personnels (1426).

Les dettes des successions échues pendant le mariage aux époux, sauf les exceptions énoncées ci-dessus, concernant les successions échues à la femme.

§ IV. — DETTES A LA CHARGE PERSONNELLE DES ÉPOUX.

Les époux sont tenus de payer certaines dettes personnelles qui restent à leur charge comme procédant de leur chef.

Telles sont :

1º Le prix d'un immeuble non payé et acquis avant le mariage (1409);

2º Les dettes immobilières provenant de successions ou donations (1412);

3º Les emprunts contractés pendant la communauté pour une dette personnelle à l'un des époux, et ceux faits pour la conservation d'un objet lui appartenant en propre.

Lorsque la communauté paye ces dettes l'époux libéré lui doit récompense.

§ V. — LES DROITS DU MARI.

I. —- COMME CHEF DE LA COMMUNAUTÉ.

L'homme ayant en général une aptitude plus grande que la femme au maniement des affaires, la loi lui confie l'administration des biens. La femme étant d'ailleurs soumise à l'autorité du mari, il eût été inconséquent de lui confier un pouvoir indépendant.

Le mari n'est pas un administrateur ordinaire chargé seulement de conserver les biens et de les faire fructifier. Ses pouvoirs quant aux biens communs sont si étendus qu'on peut les assimiler aux pouvoirs d'un propriétaire.

Sur les biens communs. Ainsi il peut vendre, échanger, aliéner, hypothéquer les biens comme il l'entend, sans le consentement de sa femme et malgré elle; il transige et plaide; il oblige la communauté même alors que ses obligations sont nées d'un délit ou lorsqu'elles ont été contractées dans son intérêt personnel, mais sauf récompense (1421, 1424 et 1425).

Il peut sans le contrôle de sa femme ruiner la communauté en faisant des dépenses folles ou certaines libéralités.

Cependant le mari ne peut pas :

1o S'enrichir directement ou indirectement en appauvrissant la communauté ;

2o Employer, sans récompense pour la communauté, les biens communs à l'acquittement des dettes qui sont nées de ses délits (1424) ;

3o Donner ni des immeubles, ni des universalités de meubles, ni même des meubles individuels, avec réserve du droit d'usufruit (1422).

Mais ces trois libéralités sont valables lorsqu'elles sont faites à un enfant commun (1422).

Le mari peut donc donner à toute personne des meubles individuels, pourvu qu'il ne s'en réserve pas l'usufruit. Ainsi il peut donner, par exemple, 50,000 fr. en toute propriété ; mais il ne pourrait pas les donner en nue propriété seulement. Et lorsqu'il fait la donation à un enfant qu'il a eu d'un précédent mariage, il doit récompense à la communauté.

4e Il ne peut faire aucun legs au préjudice de sa femme.

Il peut donc léguer valablement ses droits dans la communauté ou la moitié de la communauté, car il ne dispose que de ce qui lui appartient.

Lorsqu'il lègue un objet individuel, le legs s'exécute en nature si l'objet légué tombe dans le lot des héritiers du mari, ou par équivalent, c'est-à-dire au moyen d'une somme d'argent, s'il tombe dans le lot de la femme (1423).

II. — SUR SES BIENS PERSONNELS.

Le mari peut disposer librement de ses biens comme avant le mariage.

Il peut, après avoir vendu un de ses immeubles, le remplacer par un autre en faisant une déclaration de remploi conformément à l'art. 1434.

S'il ne fait pas la déclaration de remploi il a droit à récompense pour le prix de l'immeuble versé dans la communauté (1433).

Marginal notes:

Il est défendu au mari :

De s'enrichir aux dépens de la communauté ;

D'employer sans récompense, les biens communs au payement de dettes nées de ses délits ;

De faire des donations en se réservant l'usufruit ;

De faire aucun legs au préjudice de sa femme.

Le mari peut en disposer librement.

Ses biens sont frappés de l'hypothèque légale de la femme.

Mais tous les immeubles du mari sont frappés de plein-droit, par le seul fait du mariage, de l'hypothèque légale de la femme, laquelle existe indépendamment de l'inscription pour toutes les reprises que la femme peut avoir à exercer (2135). Toutefois lorsque le mari est commerçant, l'hypothèque légale est limitée en cas de faillite aux immeubles qu'il possédait à l'époque de la célébration du mariage et à ceux qui lui sont advenus depuis, soit par succession, soit par donation entre vifs ou testamentaire, conformément à l'art. 563 du Code de Commerce. Les immeubles acquis pendant la communauté en sont affranchis. Voir pour de plus amples explications le paragraphe 6 ci-après.

Si le mari peut aliéner l'immeuble qui lui est propre, il ne peut en toucher le prix sans obtenir la mainlevée de l'hypothèque de la femme.

On voit que, si le mari peut aliéner ses immeubles sans le concours de sa femme, il n'en est pas de même lorsqu'il s'agit de toucher le prix, car si la femme a eu la précaution de faire inscrire son hypothèque légale avant l'expiration du délai de la purge, il faudra son concours à la quittance pour obtenir la mainlevée de son inscription. Voir le paragraphe 6.

L'art. 2136 oblige le mari à faire inscrire sur ses biens personnels l'hypothèque légale de sa femme.

III. — SUR LE MOBILIER ET LES IMMEUBLES DE LA FEMME.

Le mari administre sous sa responsabilité les biens de sa femme.

Le mari doit gérer et administrer en bon père de famille les biens mobiliers et immobiliers de sa femme. C'est pour lui un droit et un devoir. Il administre sous sa responsabilité, comme chef de la communauté qui est usufruitière des biens personnels. Ses pouvoirs sont limités. Lorsqu'il s'agit des biens communs le mari peut tout ce qui ne lui est pas défendu, mais quant aux biens de sa femme, il ne peut que ce que la loi lui permet.

Actions de la femme.

Peut-il exercer les actions appartenant à sa femme?

Oui, quant aux actions mobilières et immobilières possessoires. — Non, quant aux actions immobilières pétitoires, car elles ont toujours pour objet une question de propriété. C'est du moins ce qui paraît résulter de l'art. 1428 qui n'accorde au mari que l'exercice des actions mobilières et immobilières possessoires. D'où il suit que la loi lui refuse l'exercice des actions immobilières pétitoires.

Recouvrement des créances de la femme.

Aliénation des immeubles de la femme.

Il lui est permis de recevoir le payement des sommes dues et d'en donner valable quittance, puisqu'il peut exercer les actions mobilières.

Peut-il aliéner les immeubles de sa femme?

Aux termes de l'art. 1428 il ne peut aliéner des immeubles sans le consentement de sa femme.

Que faut-il décider à l'égard des propres mobiliers de la femme ?

En principe le mari n'a pas le droit de les aliéner, mais dans plusieurs cas l'aliénation pourra être valable. Ainsi, lorsqu'il s'agit d'un objet qui se consomme par le premier usage ou qui est destiné à être vendu, la communauté en devient propriétaire en sa qualité de quasi-usufruitière, et le mari peut en disposer. Dans ce cas, l'aliénation aura le caractère d'un acte d'administration. La vente de tout autre corps certain est encore valable si l'objet est livré avant la dissolution de la communauté et si l'acquéreur étant de bonne foi peut invoquer la maxime : en fait de meubles, possession vaut titre.

Cette maxime ne s'appliquant pas aux meubles incorporels, comme les créances, les rentes et les actions, il en résulte que le mari ne peut en consentir l'aliénation.

Le mari est tenu d'entretenir les immeubles de sa femme pour le compte de la communauté qui en a la jouissance. Il peut et doit faire les grosses réparations mais comme mandataire de sa femme qui en devra récompense si la communauté fait l'avance des frais, car ces réparations sont charges, non pas des fruits, mais des capitaux.

Le mari est tenu de faire les actes interruptifs de prescription, sous peine d'être responsable. Ainsi, il doit exercer l'action possessoire dans l'année du trouble.

Il ne peut pas interrompre la prescription des actions pétitoires, puisqu'il n'a pas qualité pour les exercer, mais il est tenu comme usufruitier, sous peine d'être responsable en cette qualité, d'avertir sa femme que ses immeubles sont possédés par un tiers et sur le point d'être prescrits (614).

Le mari peut louer les immeubles de sa femme. Il peut faire des baux, mais ces baux sont-ils obligatoires pour la femme après la dissolution de la communauté ?

Si le bail ne dépasse pas neuf ans, il est complétement obligatoire pour la femme ; s'il dépasse neuf ans on le divise en périodes de neuf années, et le fermier a le droit de terminer le temps qui reste à courir de la période dans laquelle on se trouve au moment de la dissolution de la communauté (1429, 1430).

Si le bail a été consenti par le mari et la femme il est obligatoire pour toute sa durée.

C'est uniquement dans l'intérêt de la femme que la loi limite la durée du bail consenti par le mari seul ; elle peut donc y renoncer.

Jusqu'au jour de sa dissolution, la communauté a droit au prix du bail, car les fruits civils s'acquièrent jour par jour (586). Lorsqu'il s'agit d'un colonage, c'est-à-dire d'un partage de fruits, il faut, pour

Aliénation de ses propres mobiliers.

Entretien des immeubles et grosses réparations.

Actes interruptifs de prescription.

Baux et location des immeubles.

Perception des fruits.

2

déterminer les droits de la communauté, considérer l'époque de la perception, car les fruits naturels ne s'acquièrent que par la perception (585). La communauté n'aura donc droit qu'aux fruits perçus à l'époque de sa dissolution.

Renouvellement de bail.

Le mari peut-il renouveler le bail quand bon lui semble, ou doit-il attendre la cessation du premier bail ?

La loi lui permet de renouveler le bail avant l'expiration du premier, mais à une époque peu éloignée de la cessation. Le bail renouvelé ou passé dans les trois années qui précèdent la cessation du premier bail, quand il s'agit de biens ruraux, ou dans les deux années qui précèdent la cessation de la location, quand il s'agit de maisons, est régulier ; il est irrégulier s'il est renouvelé ou passé avant cette époque.

Le renouvellement irrégulier reçoit néanmoins son effet dans les termes de l'art. 1429, s'il a reçu un commencement d'exécution durant la communauté.

§ VI. — LES DROITS DE LA FEMME ET SES OBLIGATIONS. — SON HYPOTHÈQUE LÉGALE. — LA FAILLITE DU MARI.

I.

Sous le régime de la communauté de biens la personnalité de la femme disparaît complétement devant l'autorité du mari et l'étendue de ses droits comme chef. Sans son autorisation, ou sans l'autorisation de justice dans certains cas, la femme ne peut rien. Mais si le mari administre mal, si par ses désordres ou sa mauvaise gestion il compromet la dot et les reprises de sa femme, celle-ci a le droit de se pourvoir devant la justice pour obtenir sa séparation de biens et faire cesser un état de choses qui peut la conduire à sa ruine (1428, 1443 ; C. de pr., 865 et suivants).

Les devoirs de la femme et les autorisations qu'elle doit obtenir.

Le mariage fait naître entre les époux des devoirs réciproques. Ainsi, ils se doivent mutuellement fidélité, secours et assistance (212). Il fait naître aussi des obligations personnelles à chacun d'eux : le mari doit protection à sa femme, et la femme obéissance à son mari (213). Elle est obligée d'habiter avec lui et de le suivre partout où il juge à propos de résider. Le mari est obligé de la recevoir, et de lui fournir tout ce qui est nécessaire pour les besoins de la vie, selon ses facultés et son état (214).

La femme ne peut ester en jugement sans l'autorisation de son mari, alors même qu'elle serait marchande publique, ou non commune, ou séparée de biens (215). Mais l'autorisation du mari n'est pas nécessaire lorsque la femme est poursuivie en matière criminelle ou de police (216).

Elle ne peut donner, aliéner, hypothéquer, acquérir à titre gratuit ou onéreux, sans le concours du mari dans l'acte, ou son consentement par écrit (217); de même le mari ne peut disposer des biens de sa femme sans son assentiment (1428).

La femme peut se pour-
voir devant la jus-
tice lorsque son mari
refuse de l'autoriser.

Si le mari refuse d'autoriser sa femme à ester en jugement, le juge peut donner l'autorisation (218). S'il refuse de l'autoriser à passer un acte, la femme peut faire citer son mari directement devant le Tribunal de première instance de l'arrondissement du domicile commun, qui peut donner ou refuser son autorisation, après que le mari aura été entendu ou dûment appelé en la Chambre du conseil (219; Procéd. 861).

Lorsque le mari est
frappé d'une peine
afflictive ou infa-
mante, la femme
ne peut contracter
pendant la durée de
la peine, sans l'au-
torisation de la jus-
tice.

Lorsque le mari est frappé d'une condamnation emportant peine afflictive ou infamante, encore qu'elle n'ait été prononcée que par contumace, la femme, même majeure, ne peut pendant la durée de la peine, ester en jugement ni contracter, qu'après s'être fait autoriser par le juge, qui peut, en ce cas, donner l'autorisation, sans que le mari ait été entendu ou appelé (221).

Interdiction ou absence
du mari.

Si le mari est interdit ou absent, le juge peut, en connaissance de cause, autoriser la femme, soit pour ester en jugement, soit pour contracter (222; Pr. 863 et 864).

Autorisation générale
donnée à la femme.

Toute autorisation générale, même stipulée par contrat de mariage, n'est valable que quant à l'administration des biens de la femme (223).

État de minorité du
mari.

Si le mari est mineur, l'autorisation du juge est nécessaire à la femme, soit pour ester en jugement, soit pour contracter (224).

Nullité résultant du
défaut d'autorisation.

La nullité fondée sur le défaut d'autorisation ne peut être opposée que par la femme, par le mari ou par leurs héritiers (225).

Le testament de la
femme.

La femme peut tester sans l'autorisation de son mari (226).

La femme qui fait le
commerce.

Elle peut faire le commerce, mais avec l'autorisation de son mari; l'autorisation peut être expresse ou tacite. La femme n'est pas réputée marchande publique si elle ne fait que détailler les marchandises du commerce de son mari. — Elle n'est marchande publique que lorsqu'elle fait un commerce séparé (220; C. de com., 4).

Lorsque la femme est marchande publique, elle peut, sans l'autorisation de son mari, s'obliger pour ce qui concerne son négoce; et, audit cas, elle oblige aussi son mari, s'il y a communauté entre eux.

Ellè peut également engager, hypothéquer et aliéner ses immeubles pour les besoins de ses affaires (220; C. de com., 5 et 7).

La femme qui fait le commerce peut être déclarée en faillite.

Est nulle la société formée entre le mari et la femme communs en biens.

Il ne lui est pas permis, lorsqu'elle est commune en biens, de s'associer avec son mari pour faire le commerce. Voir arrêt de cassation du 3 août 1852.

II.

Les dettes de la femme et ses obligations.

La femme est tenue personnellement des dettes qui sont énoncées sous le paragraphe 4 qui précède.

Ses dettes mobilières antérieures au mariage tombent dans la communauté (1409). Mais le créancier ne peut poursuivre la communauté que lorsqu'il est en état de justifier l'antériorité de la dette par un acte ayant date certaine. Dans le cas contraire, il ne peut poursuivre le recouvrement de la créance que sur la nue propriété des immeubles de la femme (1410). La femme majeure au moment du mariage pourrait donc s'obliger sans l'autorisation de son mari en antidatant l'acte.

La femme qui s'est obligée solidairement doit payer la totalité de la dette, sauf son recours contre le mari.

La femme qui s'est obligée solidairement avec son mari est tenue envers le tiers d'exécuter l'obligation dans son entier; mais dans ses rapports avec son mari elle est réputée n'être intervenue que comme caution (1431). Si donc c'est elle qui paye, elle a recours contre son mari pour moitié si elle accepte la communauté et pour le tout si la dette a été contractée dans l'intérêt exclusif du mari, ou si elle renonce à la communauté. La femme n'a pas de recours à exercer si la dette a été contractée dans son intérêt exclusif, mais la présomption légale étant qu'elle ne s'est obligée que comme caution, c'est au mari à prouver que la dette est personnelle à la femme.

Présomption en sa faveur.

La femme qui ne s'est obligée que conjointement ne doit que la moitié de la dette.

Il en est de même lorsque la femme s'est obligée conjointement avec son mari, avec cette différence toutefois que le créancier ne peut la poursuivre que pour moitié de la dette, car les époux n'étant pas solidairement engagés, la femme ne doit que la moitié. Le mari est tenu pour le tout, car on suppose qu'en faisant intervenir sa femme, il a voulu, non pas diminuer, mais augmenter les sûretés du créancier.

Elle ne s'oblige pas personnellement lorsqu'elle contracte comme mandataire de son mari.

Lorsque la femme contracte comme mandataire de son mari, elle oblige son mari et la communauté (1420). Mais elle ne s'oblige pas par la raison que le mandataire oblige le mandant sans s'obliger lui-même (1984).

Procuration tacite donnée à la femme pour

Il n'est pas nécessaire que la procuration soit expresse. Ainsi, la femme qui fait l'acquisition des choses nécessaires au ménage, agit en vertu de la procuration tacite de son mari ; et elle oblige la communauté et le mari dans les limites de ses dépenses de chaque jour, lorsque les marchands avec lesquels elle traite connaissent sa qualité de femme mariée. les dépenses du ménage.

Lorsque la femme s'oblige avec l'autorisation de son mari, elle est tenue personnellement, bien entendu, et elle oblige la communauté, sauf exception (1413 et 1432). Ainsi, le recouvrement de la dette peut être poursuivi sur ses biens personnels, ceux de la communauté et ceux du mari. C'est le cas le plus favorable au créancier (1419). La femme qui s'oblige avec l'autorisation du mari.

Lorsqu'elle contracte en son nom, mais avec l'autorisation de justice, elle ne peut être poursuivie que sur la nue propriété de ses propres (1426). Elle n'oblige pas la communauté, sauf le cas où il s'agit de tirer le mari de prison ou d'établir les enfants communs en cas d'absence du mari (1427). Avec l'autorisation de justice.

Les dettes nées de ses délits ou quasi-délits n'engagent jamais la communauté. Elles ne peuvent être poursuivies que sur la nue propriété de ses propres (1424). Dettes nées de ses délits ou quasi-délits.

III.

La loi confère à la femme une hypothèque légale sur les biens de son mari (2121 et 2135) : L'hypothèque légale de la femme.

1° Pour sa dot et les conventions matrimoniales à compter du jour du mariage ; Date de l'hypothèque.

2° Pour les sommes dotales qui proviennent de successions à elle échues, ou de donations à elle faites pendant le mariage, à compter de l'ouverture des successions ou du jour que les donations ont eu leur effet ; Sommes garanties.

3° Pour l'indemnité des dettes qu'elle a contractées avec son mari, et pour le remploi de ses propres aliénés, à compter du jour de l'obligation et de la vente.

L'hypothèque existe indépendamment de l'inscription ; mais elle ne produit d'effet utile que lorsqu'elle est inscrite avant l'expiration du délai de la purge légale. Aux termes de l'art. 2136, le mari doit la faire inscrire sur ses biens présents et à venir, et lorsqu'il confère des hypothèques aux tiers, il doit déclarer, sous peine de stellionat, l'existence de l'hypothèque légale de sa femme. Celle-ci peut la faire inscrire également aux termes de l'art. 2139, ainsi que ses parents et amis. L'hypothèque doit être inscrite avant la purge.
Ceux qui doivent ou peuvent la faire inscrire.

Lorsque la communauté est dissoute par le décès du mari, l'inscription doit être prise dans l'année du décès, sinon l'hypothèque de la Elle doit être inscrite dans l'année lorsque la communauté est dissoute par le décès de l'un des époux.

femme ne date, à l'égard des tiers, que du jour des inscriptions prises ultérieurement, c'est-à-dire que la femme perd le rang hypothécaire que l'art. 2135 lui confère. (Art. 8 de la loi du 23 mai 1855.) Si la communauté est dissoute par le décès de la femme, ses héritiers doivent également faire inscrire l'hypothèque dans l'année.

Les cessionnaires des droits de la femme.

Obligation qui leur incombe.

Dans le cas où les femmes peuvent céder leur hypothèque légale ou y renoncer, cette cession ou cette renonciation doit être faite par acte authentique, et les cessionnaires n'en sont saisis à l'égard des tiers que par l'inscription de cette hypothèque prise à leur profit, ou par la mention de la subrogation en marge de l'inscription préexistante. Les dates des inscriptions ou mentions déterminent l'ordre dans lequel ceux qui ont obtenu des cessions ou renonciations exercent les droits hypothécaires de la femme (Art. 9 de la même loi).

Immeuble du mari vendu sur expropriation.

Sommation à faire à la femme.

Notification à faire au Procureur impérial qui doit prendre inscription.

Lorsque l'immeuble du mari doit être vendu sur expropriation, le créancier poursuivant est tenu de mettre la femme en demeure par une sommation de faire inscrire son hypothèque avant la transcription du jugement d'adjudication. (Art. 692 du C. de proc. civ., modifié par la loi du 2 mai 1858.) Il doit même en notifier la copie au procureur impérial de l'arrondissement où l'immeuble est situé, et le procureur impérial est tenu de requérir l'inscription.

Créancier à hypothèque légale n'ayant pas fait inscrire son hypothèque avant la transcription du jugement d'adjudication.

Ce qu'il doit faire.

Aux termes de l'art. 717 du C. de proc., modifié par la même loi, les créanciers à hypothèques légales qui n'ont pas fait inscrire leur hypothèque avant la transcription du jugement d'adjudication ne conservent de droit de préférence sur le prix qu'à la condition de produire, avant l'expiration du délai fixé par l'art. 754, dans le cas où l'ordre se règle judiciairement, et de faire valoir leurs droits avant la clôture, si l'ordre se règle amiablement, conformément aux art. 751 et 752.

Notification à faire à la femme dans le cas d'une adjudication volontaire ou d'une vente amiable.

Délai pour prendre inscription.

Ce qu'il faut faire lorsque le délai est expiré et que l'inscription n'a pas été prise.

Lorsqu'il s'agit d'une adjudication volontaire des immeubles du mari ou d'une vente faite à l'amiable avec ou sans le concours de la femme, l'acquéreur des biens est tenu, pour se libérer valablement, de mettre la femme en demeure par une notification de prendre son inscription dans les deux mois fixés par l'art. 2195 du C. Nap., et si l'inscription n'a pas été prise dans ce délai, la femme ne peut, aux termes de l'art. 772 du C. de proc., exercer le droit de préférence sur le prix qu'autant qu'un ordre est ouvert dans les trois mois qui suivent l'expiration dudit délai et sous les conditions déterminées par la disposition rapportée ci-dessus de l'art. 717 du C. de proc.

IV. — § Ier.

La loi restreint les droits de la femme lorsque le mari est commerçant et qu'il tombe en état de faillite, et cela dans l'intérêt des créanciers seulement ; le mari ne peut s'en prévaloir.

Les droits de la femme dans la faillite de son mari.

Ainsi, lorsque le mari est commerçant au moment de la célébration du mariage, ou lorsque, n'ayant pas alors d'autre profession déterminée, il devient commerçant dans l'année, les immeubles qui lui appartenaient à l'époque de la célébration du mariage ou qui lui sont advenus depuis, soit par succession, soit par donation entre-vifs ou testamentaire, sont seuls soumis à l'hypothèque de la femme (art. 563, C. de com.)

Immeubles soumis à son hypothèque.

1o Pour les deniers et effets mobiliers qu'elle a apportés en dot ou qui lui sont advenus depuis le mariage par succession ou donation entre-vifs ou testamentaires, et dont elle prouve la délivrance ou le payement par acte ayant date certaine ;

Créances garanties.

2o Pour le remploi de ses biens aliénés pendant le mariage ;

3o Et pour l'indemnité des dettes par elle contractées avec son mari.

L'hypothèque de la femme est ainsi limitée pour éviter la fraude. Il arrivait autrefois qu'un commerçant embarrassé dans ses affaires se mariait, reconnaissait à sa femme des apports considérables qui n'étaient pas effectués ; il achetait plus tard des immeubles qu'il payait avec les ressources de son commerce, puis il se déclarait en état de faillite, et alors le prix des immeubles achetés avec les deniers des créanciers, était absorbé par la femme en vertu de son hypothèque légale pour le remboursement de ses apports fictifs !

C'est également pour éviter la fraude qu'il n'est pas permis à la femme, lorsque le mari est commerçant au moment du mariage ou l'est devenu dans l'année, d'exercer dans la faillite du mari aucune action à raison des avantages portés au contrat de mariage (564, C. de com.) Et les créanciers ne peuvent, de leur côté, se prévaloir des avantages faits par la femme au mari dans le même contrat. (Même article.)

Avantages portés au contrat.

Mais si au moment de la célébration du mariage le mari vivait de ses revenus ou s'il exerçait une profession libérale, et s'il est devenu commerçant plus d'un an après le mariage, nous pensons que les art. 563 et 564 du Code de commerce ne seraient plus applicables et que par suite la femme aurait le droit de faire valoir son hypothèque légale pour toutes ses reprises sur la généralité des biens du mari, même sur ceux acquis pendant la communauté ; et qu'elle pourrait

Distinctions à faire pour l'application des art. 563 et 564 du Code de comm.

aussi réclamer dans la faillite le bénéfice des avantages constitués en sa faveur par son contrat de mariage.

Obligation souscrite après la cessation des payements du mari.

L'hypothèque de la femme pour les dettes contractées avec son mari date du jour de l'obligation. Que faut-il décider lorsque l'obligation a été souscrite dans les dix jours qui ont précédé la cessation des payements du mari ou depuis? (Art. 446 et 488 du C. com.)

L'hypothèque qui en résulte est nulle ou valable suivant les cas.

Nous pensons que l'hypothèque est valablement acquise parce que, résultant de la loi, elle est indépendante de la volonté de la femme et de celle du mari. (Voir arrêt de Cassation du 7 nov. 1848).

Mais elle serait nulle si l'obligation de la femme avait été le résultat d'un concert frauduleux pour subroger le créancier dans son hypothèque légale et créer ainsi à ce dernier un privilége sur les biens du mari. (Voir arrêt de Cassation du 15 mai 1850).

IV. — § II.

Formalités que la femme doit remplir pour exercer ses droits. Séparation de biens. Renonciation à la communauté. Liquidation des reprises.

La femme qui veut exercer ses droits dans la faillite de son mari est tenue de faire prononcer sa séparation de biens, de renoncer à la communauté et de faire liquider ses reprises par un procès-verbal notarié. C'est sur la production de la liquidation qu'elle doit être admise au passif, comme créancière hypothécaire, s'il existe des immeubles soumis à son hypothèque légale, et dans le cas contraire, comme créancière chirographaire.

Immeubles qu'elle reprend en nature.

Elle reprend en nature les immeubles qu'elle n'a pas fait entrer dans la communauté ou qui lui sont échus par succession ou par donation entre-vifs ou testamentaire (557, C. com.), mais à la charge des dettes et hypothèques dont les biens peuvent être grevés par suite d'une condamnation intervenue contre la femme ou d'une obligation consentie volontairement, et sauf son recours contre le mari (561, même Code).

Elle est créancière de tout ce qui est tombé dans la communauté de son chef.

La clause du contrat de mariage portant qu'en cas de renonciation à la communauté la femme pourra reprendre les biens qu'elle y a apportés, est sans effet contre les créanciers de la faillite. En pareil cas la femme est simplement créancière de la valeur des biens compris dans son apport.

Elle reprend en nature l'immeuble acquis à titre de remploi.

Mais elle peut reprendre en nature les immeubles par elle acquis de ses deniers et en son nom pendant la communauté, si la déclaration d'emploi a été indiquée dans l'acte et si l'origine des deniers a été constatée par acte authentique (558, C. com.)

Présomption légale existant en matière de

En matière de faillite et à l'égard de toute espèce de biens, la présomption légale est que les biens acquis par la femme appartiennent à son mari, ont été payés de ses deniers, et doivent être réunis à la masse de son actif, sauf à la femme à fournir la preuve du contraire (559, même Code). Et cette présomption légale existe aussi pour les dettes que la femme prétend avoir payées pour son mari, sauf la preuve contraire qui dans l'un comme dans l'autre cas doit résulter autant que possible d'actes authentiques (562, même Code). *faillite quant aux biens acquis par la femme et aux dettes qu'elle prétend avoir payées.*

La femme peut encore reprendre en nature les effets mobiliers qu'elle s'est constitués par contrat de mariage, ou qui lui sont advenus par succession, donation entre-vifs ou testamentaire, et qui ne sont pas entrés en communauté, toutes les fois que l'identité en sera prouvée par inventaire ou tout autre acte authentique. A défaut de cette preuve tous les objets mobiliers à l'usage des époux sont acquis aux créanciers sauf aux syndics à remettre à la femme avec l'autorisation du juge-commissaire, les habits et linge néeessaires à son usage (560, même Code). Et dans ce cas le prix des objets remis doit être retranché de la créance de la femme. *La femme reprend en nature les effets mobiliers qui ne sont pas entrés en communauté lorsque l'identité est prouvée. Les syndics peuvent être autorisés à lui remettre les linges et hardes à son usage.*

Lorsque la femme a obtenu sa séparation de biens antérieurement à la faillite du mari, et que celui-ci, pour se libérer de tout ou partie des reprises, lui a abandonné par la liquidation le mobilier de la communauté, cet abandon peut-il être critiqué et la femme peut-elle être dépossédée? Non, si les créanciers du mari ne sont pas intervenus et n'ont pas contesté la séparation ou l'abandon du mobilier dans l'année de la publication du jugement de séparation, (art. 872 et 873, C. proc.), et s'il n'est pas possible aux syndics de faire remonter la faillite au jour de la liquidation et d'en demander la nullité par application des art. 446 et 447 du C. com. *Séparation de biens antérieure à la faillite. Abandon du mobilier en payement des reprises. Nul ou valable suivant le cas.*

Lorsque la femme est séparée de corps et de biens d'avec son mari et que par conséquent elle a un domicile personnel, la faillite du mari peut-elle réclamer les meubles achetés par la femme depuis sa séparation? Non, parce que dans l'espèce il y a présomption que la femme a payé avec ses deniers et non avec ceux du mari. Mais cette présomption n'existe pas lorsqu'il y a simplement séparation de biens et un domicile commun parce que le plus souvent il sera impossible à la femme d'établir qu'elle a payé le prix des objets avec ses propres deniers. *Présomption en faveur de la femme séparée de corps à l'égard du mobilier garnissant son logement. Cette présomption n'existe pas lorsqu'il y a séparation de biens.*

Lorsque la femme produit à la faillite de son mari pour le montant d'une obligation qu'elle a souscrite solidairement avec lui, elle ne peut être admise au passif qu'en justifiant avoir payé la dette. S'il en était autrement la faillite pourrait se trouver dans la nécessité de payer deux dividendes pour la même dette puisque le créancier non désintéressé a le droit de se faire admettre. (Voir arrêts : Paris 2 juin 1853, et Colmar 8 juin 1858.) *La femme qui s'est obligée solidairement avec son mari ne peut produire à la faillite pour la créance qu'en justifiant l'avoir payée.*

Mais dans un ordre, la femme est colloquée à la date de son hypothèque légale sans être tenue de justifier du payement.

Mais lorsqu'un ordre est ouvert sur le prix d'un immeuble du mari, la femme est colloquée à la date de son hypothèque légale (date de l'obligation) sans être tenue de justifier qu'elle a payé la dette. Il existe sur ce point de nombreux arrêts qui sont énoncés dans *Sirey* annoté, art. 1431.

IV. — § III.

La femme peut-elle voter le concordat de son mari ?

Le mari commerçant est en faillite. La femme a fait prononcer sa séparation de biens ; elle a renoncé à la communauté, ses reprises sont liquidées, elle est admise au passif. Peut-elle voter le concordat de son mari avec la simple autorisation de celui-ci, et par suite renoncer à son hypothèque légale?

La question est controversée.

On sait que la loi protége le femme mariée d'une façon toute particulière, non qu'elle soit moins capable que la fille majeure ou la veuve, mais parce qu'étant sous l'autorité et la domination du mari, elle peut dans un moment de faiblesse ou d'entrainement sacrifier sa fortune et l'avenir de ses enfants. Ainsi, pour assurer la restitution de sa dot et de ses reprises, la loi lui confère sur les biens du mari, par le seul fait du mariage, une hypothèque légale dispensée d'inscription. Les futurs époux ne peuvent pas par leur contrat de mariage, alors qu'ils ont encore leur liberté d'action, stipuler que les biens du mari en seront affranchis, et pendant le mariage l'hypothèque ne peut être restreinte aux immeubles suffisants que sur l'avis des quatre plus proches parents de la femme et l'autorisation de la justice. Sans doute la femme peut par le contrat de mariage limiter son hypothèque légale à certains immeubles, s'obliger plus tard solidairement avec son mari et subroger les tiers dans tout ou partie de son hypothèque légale, mais elle ne peut renoncer d'une façon absolue, extinctive, à cette hypothèque qui existe de par la volonté de la loi. C'est du moins ce qui résulte des principes généraux du droit. Il s'agit de savoir si en matière de faillite le législateur y a apporté un tempérament, une modification par la loi de 1838.

L'art. 508 du C. com. est ainsi conçu :

« Les créanciers hypothécaires inscrits ou dispensés d'inscription,
« et les créanciers privilégiés ou nantis d'un gage, n'auront pas voix
« dans les opérations relatives au concordat pour lesdites créances,
« et elles n'y seront comptées que s'ils renoncent à leurs hypo-
« thèques, gages ou priviléges. Le vote au concordat emportera de
« plein droit cette renonciation. »

Les partisans de l'affirmative invoquent cet article dont l'interprétation sert de base à leur système. Puisque, disent-ils, les créanciers hypothécaires inscrits ou dispensés d'inscription, sans exception, peuvent voter le concordat en renonçant à leurs hypothèques, et que le vote entraîne cette renonciation, il en résulte que la femme a le même droit que les autres créanciers et qu'elle peut aussi voter le concordat et renoncer à son hypothèque légale. Mais ils reconnaissent que l'autorisation expresse du mari est indispensable. L'affirmative.

Il nous est absolument impossible d'adopter ce système que nous croyons contraire aux véritables principes. L'art. 508 est, suivant nous, complétement étranger à la capacité des créanciers. S'il en était autrement il faudrait aller jusqu'à dire que la femme peut agir sans aucune autorisation puisque l'article est muet sur ce point ; or, les partisans du système que nous combattons reconnaissent eux-mêmes que l'autorisation du mari est indispensable, et cette concession suffit à elle seule pour détruire leur argumentation. Il est certain qu'en thèse générale l'autorisation du mari suffit pour habiliter la femme, mais il existe des exceptions, et nous soutenons que le mari ne peut plus utilement donner l'autorisation dès l'instant qu'il s'agit d'une renonciation dans son propre intérêt à l'hypothèque légale de sa femme ; et la preuve de ce que nous avançons résulte surabondamment des art. 2144 et 2145 du C. Nap., qui pour restreindre pendant le mariage l'hypothèque légale à des biens suffisants, exigent non-seulement l'avis des quatre plus proches parents de la femme, mais encore l'autorisation de justice. Nous le demandons à tout homme pratique : est-il possible d'admettre en présence de ces articles et de l'art. 508 que la femme peut avec la simple autorisation de son mari dans l'intérêt de celui-ci renoncer d'une façon absolue à son hypothèque légale, alors que pour la limiter à des biens suffisants il lui faut non-seulement l'avis des quatre plus proches parents, mais encore l'autorisation de justice ? La négative.

Si pour le cas particulier de la faillite le législateur avait entendu déroger par l'art. 508 aux principes du droit civil concernant la capacité de la femme et l'exercice de ses droits, il l'eût formellement exprimé comme il l'a fait lorsque, par exemple, il a limité son hypothèque légale à certains immeubles. On comprendrait difficilement, d'ailleurs, que la femme fût abandonnée juste au moment où elle a plus que jamais besoin d'être soutenue ; car c'est surtout pour obtenir un concordat que le mari usera de son autorité et de son influence quand il n'en abusera pas, et il faut bien reconnaître que si son autorisation est suffisante, ce sera presque toujours lui qui votera son propre concordat.

Et puis voyez dans le système contraire quelle comédie la femme est appelée à jouer! Pour obtenir sa séparation de biens elle prouvera que son mari est un mauvais administrateur, qu'il est ruiné et qu'il y a pour elle la plus grande urgence à poursuivre le payement de ses reprises.— Sa demande étant justifiée, le tribunal civil prononcera la séparation, et le lendemain de la liquidation cette femme viendra au tribunal de commerce, conduite par son mari, pour abandonner les droits qu'elle aura voulu sauvegarder la veille, c'est-à-dire qu'elle votera le concordat et qu'elle renoncera à une hypothèque légale grevant des biens qui sont peut-être d'une valeur suffisante pour assurer le payement intégral de ses reprises.

Distinction et conclusion. Nous nous éloignons encore à un autre point de vue du système que nous combattons, et nous pensons que pour résoudre la question qui nous occupe, il convient d'établir une distinction : s'il existe dans la faillite du mari des immeubles soumis à l'hypothèque légale de la femme, celle-ci devra demander au tribunal civil l'autorisation de voter le concordat et de renoncer à son hypothèque. Le tribunal appréciera, et suivant l'intérêt de la femme, donnera ou refusera l'autorisation. Mais s'il n'existe pas dans la faillite d'immeubles soumis à son hypothèque, nous pensons qu'alors la femme n'est pas, par rapport à la masse et à proprement parler, créancière hypothécaire, et que n'ayant pas, dans ce cas, de renonciation à faire, elle peut voter le concordat avec la simple autorisation de son mari. Son hypothèque n'en subsistera pas moins, elle survivra à la faillite et produira peut-être son effet plus tard. S'il y a là pour la femme une situation privilégiée, elle est due à la nature de son droit, dont l'existence se révèle aux tiers par le seul fait du mariage. Nous savons bien que l'hypothèque existe sans l'immeuble, et nous n'entendons nullement confondre le droit avec l'exercice du droit ; mais il faut dans notre espèce particulière voir la réalité des choses, se placer en face d'une faillite dont l'actif se trouve frappé *hic* et *nunc* des priviléges et hypothèques dont il est susceptible, et nous pensons que lorsque l'actif ne comprend que des valeurs mobilières, il est impossible d'admettre que la femme exerçant ses droits en pareil cas est créancière hypothécaire. S'il devait en être ainsi, son hypothèque légale au lieu de lui profiter pourrait lui préjudicier, ce qui serait contraire au vœu de la loi.

L'opinion que nous émettons est d'ailleurs conforme à la jurisprudence du Tribunal de commerce de la Seine.

Voir sur la question un arrêt de la Cour de cassation du 2 mai 1840 et un arrêt de la Cour de Paris du 6 décembre 1862.

IV. — § IV.

Aux termes de l'art. 1166 du Cod. Napoléon, le créancier peut exercer les droits et actions de son débiteur, à l'exception de ceux qui sont exclusivement attachés à la personne, tel que le droit de demander la séparation de biens. Mais s'il est défendu au créancier de demander la séparation de biens sans le consentement de la femme, il peut, aux termes de l'art. 1446, en cas de faillite du mari, exercer les droits de sa débitrice jusqu'à concurrence du montant de sa créance. Or, comment fera-t-il si la femme ne veut pas de séparation, et si par suite elle ne fait pas fixer le montant de ses reprises ?

L'art. 1446 présente dans son application des questions d'un ordre secondaire, notamment des questions de procédure, qu'il est facile de résoudre sans entrer dans de bien grands développements.

Le créancier doit d'abord justifier la légitimité de sa créance et en établir l'importance. Il doit ensuite faire fixer la créance de la femme et la faire admettre à la faillite en produisant les titres entre les mains du syndic.

Suivant nous, le syndic ne doit pas en principe déterminer la créance de la femme. Qu'il y ait séparation ou non, il s'agit toujours en pareil cas d'une liquidation à faire et c'est là un travail spécial souvent considérable qui donne lieu à des comptes, à des questions de reprises, de compensations et qui rentre dans les attributions des notaires. Si, d'ailleurs, il s'élevait des contestations sur la qualité ou le titre du créancier de la femme, il faudrait recourir au tribunal, car le syndic n'a pas le droit de trancher des difficultés auxquelles la faillite est en quelque sorte étrangère. Il arrivera sans doute que les reprises de la femme seront faciles à déterminer, comme, par exemple, lorsque le mariage est récent et qu'il a été précédé d'un contrat. Si dans ce cas il y a accord entre le créancier, la femme et le mari, nous croyons que le syndic pourra fixer lui-même les reprises et les admettre au passif à la diligence du créancier. Mais toutes les fois qu'il y aura une contestation quelconque, nous pensons qu'il faudra procéder judiciairement.

Le créancier n'a pas besoin de se faire autoriser par la justice à exercer les droits de la femme, car il puise son droit dans la loi même. Ce point ne fait l'objet d'aucun doute dans la pratique, et la jurisprudence est fixée dans ce sens. Il devra donc assigner directement la femme, le mari et le syndic, non pas devant le tribunal de commerce, qui n'est pas compétent en pareille matière, mais devant le tribunal civil qui, s'il existe une contestation sur la qualité ou la

---

Le créancier de la femme peut exercer ses droits à l'exception de ceux qui sont exclusivement attachés à la personne.

Il ne peut pas demander la séparation de biens sans son consentement.

Mais il peut exercer ses droits et actions dans la faillite du mari.

Les formalités à remplir en pareil cas.

créance du poursuivant l'appréciera et la jugera, et qui, sans prononcer la séparation, bien entendu, ordonnera que les reprises de la femme seront liquidées par un notaire qu'il commettra. La liquidation terminée, le créancier la produira au syndic qui admettra au passif le montant intégral des reprises et non pas seulement jusqu'à concurrence de la créance du poursuivant, car il faut sur ce point entendre la disposition finale de l'art. 1446 en ce sens que le créancier ne peut pas toucher dans la faillite une somme supérieure à celle qui lui est due.

Pour éviter des difficultés lors de la répartition des deniers de la faillite, à l'occasion de la délivrance du mandat, nous recommandons au créancier poursuivant de demander dès le commencement de la procédure, par l'exploit introductif d'instance, l'attribution à son profit jusqu'à concurrence de ce qui lui est dû du dividende afférent à la créance de la femme. Par son jugement le tribunal prononcera l'attribution en même temps qu'il ordonnera la liquidation, et le créancier qui aura ainsi obtenu la saisine pourra exiger du syndic la remise du mandat en justifiant que le jugement est passé en force de chose jugée.

Le syndic doit, par la répartition, limiter le mandat comme le veut la loi à la somme due au créancier, et le chiffre n'est pas susceptible de variation dès l'instant que la répartition est ordonnancée et enregistrée, alors même que des oppositions seraient formées ultérieurement. Mais, sans une attribution, le créancier ne peut obtenir le mandat qu'avec le consentement de la femme. Et si, à défaut d'une attribution produisant effet, plusieurs créanciers sont en concurrence, le mandat doit comprendre le dividende afférent à la créance entière de la femme, pour être déposé à la caisse des consignations, et réparti par voie de contribution sur la poursuite du plus diligent.

§ VII. —REMPLOIS, RÉCOMPENSES ET CONSTITUTIONS DE DOT.

I. — DES REMPLOIS.

Pour régler les droits de celui des époux qui a aliéné un bien propre moyennant un prix, il y a lieu de faire les distinctions suivantes (1433) :

Immeuble vendu. — Prix non payé. 1º Lorsque le prix n'est pas payé la créance reste propre à l'époux aliénateur elle représente l'immeuble. La communauté en a l'usufruit comme elle avait l'usufruit du bien aliéné.

2º Le jour où le prix est payé la communauté en acquiert l'usu- *Prix payé et versé dans la communauté.*
fruit, et par conséquent la propriété, car le quasi-usufruit d'une somme
d'argent opère toujours translation de propriété au profit de l'usufruitier; mais l'époux aliénateur acquiert une créance contre la
communauté qui lui doit récompense.

3º Si le prix est employé à l'acquisition d'un autre bien destiné à *Remploi.*
prendre la place du propre aliéné, il y a alors remploi, c'est-à-dire
acquisition d'un propre avec l'argent provenant de l'aliénation d'un
autre propre.

Le remploi pour être valable est assujetti à certaines formalités qui *Formalités à remplir.*
varient selon que le propre aliéné appartient au mari ou à la femme
(1434 et 1435).

Pour le remploi d'un propre du mari, celui-ci doit déclarer dans *Propre du mari.*
l'acte d'acquisition : 1º que l'immeuble est acquis moyennant les deniers provenus de l'aliénation de son propre; 2º et qu'il est acquis
pour être subrogé au lieu et place du propre aliéné.

A défaut de cette double déclaration l'immeuble acquis tombe dans
la communauté. Le mari ne peut pas après coup en faire un propre.

Lorsqu'il s'agit du remploi d'un propre de la femme la double dé- *Propre de la femme.*
claration ci-dessus est nécessaire. Il faut en outre que la femme
accepte comme propre l'immeuble acquis. La double déclaration est
considérée comme une offre faite par le mari ; la femme peut l'accepter
quand bon lui semble, même après la dissolution de la communauté,
mais pourvu que ce soit avant l'aliénation de l'immeuble, car alors le
mari a retiré l'offre, et avant que l'offre fût éteinte par le décès du
mari.

L'acceptation de la femme ne nuit pas aux tiers, qui, avant l'accep- *Les tiers qui traitent avec le mari avant ou après l'accepta- tion de la femme.*
tation, ont traité avec le mari. Ainsi, le mari peut valablement modi-
fier l'offre en grevant l'immeuble de servitudes ou d'hypothèques. La
femme doit l'accepter avec les charges, sauf récompense ; mais après
son acceptation le mari ne peut plus en disposer car l'immeuble est
propre à la femme ; tant pis pour les tiers qui traitent avec le mari postérieurement à l'acceptation sans prendre d'information. Ils n'ont pas
le droit d'inquiéter la femme.

La double déclaration dans l'acte est une condition *sine qua non* *Le mari qui se libère envers sa femme.*
de la validité du remploi quant au mari, mais non quant à la
femme. Le mari peut toujours, en effet, se libérer en abandonnant à
la femme, soit un immeuble qui lui est propre, soit un immeuble qui
appartient à la communauté (1599). Car ce payement n'est, au fond,
qu'un remploi. L'immeuble reçu reste propre à la femme comme
l'était celui dont la communauté a touché le prix.

II. — DES RÉCOMPENSES.

La théorie des récompenses est fondée sur ce que la loi prohibe entre époux toute opération qui pourrait servir à déguiser des libéralités indirectes et irrévocables (1595), et sur ce que, d'ailleurs, rien ne prouve que l'époux appauvri ait voulu faire une libéralité. Les libéralités ne se présumant pas, il est plus naturel de supposer qu'il n'a voulu faire qu'une avance.

Les récompenses peuvent être dues :

Récompense due par la communauté à l'un des époux. 1º Par la communauté à l'un des époux. L'art. 1433 cite deux cas dans lesquels la récompense est due. Il est ainsi conçu : « S'il est vendu un immeuble appartenant à l'un des époux, de même que si l'on s'est rédimé en argent de services fonciers dus à des héritages propres à l'un d'eux, et que le prix en ait été versé dans la communauté, le tout sans remploi, il y a lieu au prélèvement de ce prix sur la communauté au profit de l'époux qui était propriétaire, soit de l'immeuble vendu, soit des services rachetés. » (Voir aussi les art. 1403 dernier alinéa, 1407 et 1408 deuxième alinéa).

Le *quantum* de la récompense. Le *quantum* de la récompense est fixé par l'art. 1436. « La récompense n'a lieu que sur le pied de la vente, quelque allégation qui soit faite touchant la valeur de l'immeuble aliéné. »

Biens sur lesquels les récompenses s'exercent Les récompenses de la femme s'exercent sur les biens de la communauté, et, en cas d'insuffisance, sur ceux du mari ; celles du mari ne s'exercent au contraire que sur les biens de la communauté, s'il en reste après le prélèvement des récompenses dues à la femme (1470, 1471 et 1472). Les choses se passent ainsi lorsque le mari est *in bonis*, **La femme vient au même rang que les autres créanciers pour ses reprises.** mais il en est différemment lorsque la femme renonce à la communauté, et que pour l'exercice de ses reprises elle se trouve en concurrence avec des créanciers du mari. Nous verrons plus loin que dans ce cas elle n'est pas considérée comme un co-propriétaire qui pourrait exercer ses reprises en nature par voie de prélèvement, mais simplement comme créancière au même titre que les autres créanciers du mari, sauf cependant l'exercice de son hypothèque légale.

Récompense due par les époux ou l'un d'eux, à la communauté. 2º Par les époux, ou l'un d'eux, à la communauté. Toutes les fois, dit l'art. 1437, que l'un des époux a tiré un profit personnel des biens de la communauté, il en doit récompense. On peut citer, à titre d'exemples : 1° le payement des dettes personnelles par la communauté, comme une soulte due à l'occasion de l'acquisition d'un immeuble en échange d'un propre (1407 et 1408), ou bien l'affranchissement d'une servitude passive dont un propre était grevé. (Voir pour d'autres exemples les art. 1409 1° : — 1412, 1416, 1424 et 1425 ; —

2° sommes déboursées par la communauté pour le recouvrement d'un propre. Par exemple, lorsque l'un des époux exerce la faculté de rachat après une vente à réméré ou l'action en rescision pour cause de lésion de plus des sept douzièmes, il est obligé de rendre le prix payé par l'acheteur (1676 et 1381). Si c'est la communauté qui paye, récompense lui est due par l'époux qui recouvre le propre; 3° sommes avancées par la communauté pour la conservation ou l'amélioration d'un propre. Exemples : grosses réparations faites avec l'argent de la communauté sur un propre qui est sur le point de périr, ou réparations qui, sans être nécessaires, procurent à l'immeuble une plus grande valeur en le rendant plus productif. Le quantum de la récompense doit être égal Le quantum de cette récompense. à la dépense et non au gain qu'en a retiré l'époux. Si pour une dépense de 10,000 francs, la plus-value n'est que de 8,000 francs, la récompense sera de 10,000 francs. Mais il n'est pas dû de récompense pour Les dépenses voluptuaires. les dépenses voluptuaires faites par amour du luxe ou pour satisfaire un caprice sur un propre du mari ou de la femme, puisque les époux peuvent employer à leurs plaisirs les deniers communs sans récompense pour la communauté. Cependant si ces dépenses ont procuré une plus-value au propre sur lequel elles ont été faites, récompense sera due.

Ainsi la communauté est débitrice de tout ce qui est entré dans la caisse du patrimoine de l'un des époux, et créancière de tout ce qui en est sorti pour le compte de l'un d'eux. Mais les sommes qu'elle a fournies pour les dépenses voluptuaires ne lui sont remboursées que dans la limite du profit qu'en a retiré l'époux.

Lorsque l'un des époux aliène un immeuble propre produisant, par exemple, 10,000 francs de revenus, en échange d'un droit d'usufruit produisant 20,000 francs chaque année, la communauté gagne puisque sa jouissanc s'est élevée à 20,000 francs; l'époux, au contraire, est en perte, puisque son droit perpétuel se trouve remplacé par un droit viager. Mais la communauté perd si l'un des époux échange un La communauté subit les variations de fortune qui arrivent dans le patrimoine de chaque époux. droit d'usufruit produisant 20,000 francs contre un immeuble qui ne produit que 10,000 francs, tandis que l'époux gagne puisqu'il obtient un droit perpétuel contre un droit viager. Dans ces deux cas y a-t-il lieu à récompense? Nous ne le pensons pas: car ce sont là des opérations auxquelles les époux peuvent se livrer chaque jour, et la communauté doit subir les variations de fortune qui arrivent dans le patrimoine de chacun d'eux.

Les intérêts des récompenses dues à la communauté par les époux Intérêts des récompenses. ou aux époux par la communauté courent de plein droit du jour de la dissolution de la communauté (1473).

Récompense due par l'un des époux à l'autre.

3° Par l'un des époux à l'autre époux.

Il arrive rarement que deux époux mariés sous le régime de la communauté deviennent débiteurs l'un de l'autre. Cela peut exister cependant dans quelques cas : 1° lorsque l'un des époux emploie un de ses immeubles ou la créance du prix de son immeuble à éteindre la dette personnelle de l'autre époux (1478) ; 2° lorsque l'un des époux a par son délit ou quasi-délit détruit ou détérioré le bien propre de l'autre.

Biens sur lesquels l'époux débiteur est tenu de se libérer.

L'époux débiteur est tenu de se libérer sur ses propres et sur sa part dans la communauté (1478). Si les récompenses qu'il doit pouvaient se prélever sur la masse commune, l'époux créancier ne recevrait en réalité que la moitié de sa créance.

Intérêts de ces récompenses.

Les intérêts de ces récompenses ne courent pas de plein droit. Ils sont dus du jour de la demande en justice (1479).

III. — DES CONSTITUTIONS DE DOTS

La communauté n'est pas obligée de doter les enfants.

En principe la communauté n'est tenue de fournir une dot ni aux enfants que les époux ont eus d'un précédent mariage, ni même aux enfants qui sont nés du mariage. La loi ne met en effet à sa charge que l'éducation et l'entretien des enfants (1409-5°).

Dot constituée à l'enfant du premier lit.

La dot constituée par le mari à un enfant né d'un précédent mariage reste exclusivement à sa charge. Il en est de même lorsque la dot est constituée par la femme. Si c'est la communauté qui la paye, récompense lui est due.

A l'enfant commun.

Lorsque la dot est constituée par le mari et la femme à un enfant commun, les époux la supportent dans la proportion indiquée au contrat. S'ils n'ont rien dit à cet égard, ils sont censés l'avoir constituée chacun pour moitié. La loi voit là l'accomplissement d'un devoir naturel dont chaque époux était tenu personnellement. Si donc la femme a doté conjointement avec son mari, elle est tenue de la dot, lors même qu'elle renoncerait à la communauté, car elle est obligée, non pas comme commune, mais personnellement.

Comment et dans quelle proportion la dot est supportée par les constituants.

Si la dot est constituée à l'enfant commun par le mari seul, et s'il a déclaré la constituer en biens meubles ou immeubles de la communauté, la loi ne voit plus là, ce qui est inexplicable, l'accomplissement d'un devoir personnel, mais l'acquittement d'une dette de la communauté, qui par conséquent doit la supporter. Ainsi, si la dot est constituée par les deux époux à l'enfant commun, la loi considère que c'est l'accomplissement d'un devoir personnel et elle les oblige à supporter la dot chacun pour moitié. Si par conséquent c'est la communauté qui paye, récompense lui sera due. Si, au contraire, c'est le mari qui constitue seul la dot en biens de communauté, ce n'est plus l'accomplissement d'un devoir, mais l'acquittement d'une dette personnelle à la communauté qui la supporte sans récompense, et que la femme supporte pour moitié si elle accepte la communauté. Mais lorsque le mari déclare expressément qu'il se charge de la dot pour le tout ou pour une portion plus forte que la moitié, la femme, même acceptante, ne supporte rien dans le premier cas, et dans le second elle supporte tout ce que le mari ne prend pas à sa charge. (Voir les articles 1438 et 1439.)

La constitution de dot est une donation, puisque le constituant ne reçoit aucun équivalent pécuniaire en échange de ce qu'il donne. Aussi est-elle révocable pour cause de survenance d'enfants (960), rapportable (1573), réductible (1090); nulle quand elle est constituée au profit d'une personne incapable de recevoir à titre gratuit du constituant. *La constitution de dot est une donation. — Conséquences.*

D'un autre côté, celui qui reçoit semble recevoir à titre onéreux ce qu'il acquiert lui étant donné pour l'aider à supporter les charges du mariage. Aussi a-t-il droit, d'une part, aux intérêts de la dot à partir du mariage (ils courent de plein droit), et, d'autre part, à garantie en cas d'éviction, quoique en droit commun le donateur ne soit pas garant (1440, 1547 et 1548).

§ VIII. — LA DISSOLUTION DE LA COMMUNAUTÉ ET SES SUITES.

1. — DES CAUSES DE DISSOLUTION.

La communauté se dissout (1441) : *Énumération des causes de dissolution.*
1o Par la mort naturelle ;
2o Par la séparation de corps;
3o Par la séparation de biens.
Il faut ajouter :
4o Par le jugement qui prononce la nullité d'un mariage putatif.— La communauté a, en effet, existé jusqu'au jour du jugement, puisqu'un mariage putatif produit les mêmes effets civils qu'un mariage valable (201 et 202).
5o Par la déclaration d'absence de l'un des époux : 1o lorsque le conjoint opte pour la dissolution provisoire ; 2o et quand son option pour la continuation est suivie plus tard de l'envoi définitif, si, dans

les deux cas, on n'arrive jamais à constater ni l'existence, ni le décès de l'absent (124 et 129).

II. — LA SÉPARATION DE BIENS ET SES EFFETS.

Circonstances par suite desquelles la femme peut demander la séparation de biens.

La femme peut demander la séparation de biens : 1° lorsque sa dot est en péril ; 2° lorsque le désordre des affaires du mari donne lieu de craindre que les biens de celui-ci ne soient pas suffisants pour remplir les droits et reprises de la femme (1443).

La demande ne pourrait être repoussée sous prétexte que le péril de la dot est né de malheurs éprouvés par le mari et non de son inconduite.

La demande peut être formée alors même que la femme n'a pas eu de dot et qu'elle ne possède rien, car elle peut recueillir des successions, recevoir des donations. Il est juste qu'elle puisse prendre ses précautions pour l'avenir. — On va même jusqu'à dire que la demande doit être accueillie alors que l'hypothèque légale de la femme suffit pour garantir ses reprises actuelles, parce que cette hypothèque peut devenir insuffisante.

Les créanciers ne peuvent pas la demander.

Mais ils peuvent exercer ses droits dans la faillite du mari.

La femme peut seule demander la séparation de biens. Les créanciers ne pourraient pas invoquer le principe de l'art. 1166 pour la demander en son nom et sans son consentement (1446). Mais en cas de faillite ou de déconfiture du mari, ils peuvent exercer les droits de leur débitrice jusqu'à concurrence du montant de leurs créances (1446). Dans ces deux cas la communauté est réputée dissoute à l'égard des créanciers. — Voir le § 6 n° 4 ci-dessus.

Procédure. — Formalités.

La séparation de biens volontaire est nulle (1443). — Elle doit être prononcée en justice. La femme est obligée de suivre une procédure spéciale, d'observer des délais et de remplir certaines formalités, sous peine de nullité de la séparation (1444 et 1445). — Voir les art. 865 et suiv. du C. de pr. civ. — 65 et 66, C. com.

Aux termes de l'art. 1444 la séparation de biens est nulle si elle n'a point été exécutée par le payement réel des droits et reprises de la femme, effectué par acte authentique, jusqu'à concurrence des biens du mari, ou au moins par des poursuites commencées dans la quinzaine qui a suivi le jugement, et non interrompues depuis.

Exécution du jugement de séparation de biens dans la quinzaine de sa date sous peine de nullité.

Il n'est pas facile d'exécuter le jugement dans un délai aussi court. Voici comment on procède ordinairement : après avoir levé le jugement, l'avoir signifié et publié, un commandement est fait au mari de payer immédiatement les dépens, qui sont toujours liquidés provisoirement à une somme modique. Le mari paye les dépens à l'huissier qui le constate sur le commandement et le jugement est exécuté; ou bien : après la signification et la publication du jugement la femme renonce à la communauté par acte dressé au greffe du tribunal civil, et dans la quinzaine du jugement, elle fait liquider ses reprises par un notaire qui en dresse procès-verbal; en présence du mari ou lui dûment appelé par une sommation. Il suffit même de procéder dans la quinzaine du jugement à l'ouverture du procès-verbal de liquidation de reprises, et de renvoyer l'opération à plus tard, mais aussitôt la liquidation terminée la femme doit continuer l'exécution sur les biens du mari.

La liquidation des reprises.

Le mari peut attaquer le jugement par la voie de l'opposition s'il a été rendu par défaut, et par la voie de l'appel s'il a été rendu contradictoirement. Ses créanciers et les créanciers personnels de la femme ont le même droit conformément au principe de l'art. 1166. Ils ont de plus un moyen qui leur est personnel; ils peuvent, lorsqu'ils ne sont pas intervenus dans l'instance, attaquer le jugement dans *l'année de la publication* par la voie de la tierce opposition et le faire réformer en ce qui les concerne, pourvu qu'ils établissent un concert frauduleux entre les époux (1447, Code Nap.; 474, 871, 872 et 873, C. proc.).

Qui peut attaquer le jugement de séparation ?

Les créanciers ne peuvent pas attaquer la séparation de biens qui résulte de la séparation de corps, car la séparation de biens étant la conséquence forcée de l'autre, elle ne peut dépendre de la volonté des époux et il n'y a pas lieu de craindre un concert frauduleux de leur part pour l'obtenir. Le jugement qui prononce les deux séparations est soumis aux mêmes formalités que celui qui prononce simplement la séparation de biens, avec cette différence toutefois qu'il n'a pas besoin comme l'autre d'être exécuté dans la quinzaine de sa prononciation à peine de nullité.

Quid lorsque la séparation de biens résulte de la séparation de corps ?

L'effet du jugement de séparation de biens, c'est-à-dire la dissolution de la communauté remonte, tant à l'égard des tiers qu'à l'égard des époux, au jour de la demande. S'il en avait été autrement le mari eût pu se rendre complétement insolvable dans l'intervalle de la demande au jugement. Ainsi du jour de la demande, le mari a perdu et la femme repris : la jouissance, l'administration de ses biens propres et l'exercice de ses actions mobilières et de ses actions immobilières possessoires; les fruits échus ou perçus, provenant de ses propres, postérieurement à la demande, lui sont restitués en totalité; les meubles acquis depuis la demande, à titre de succession ou de donation, sont restés propres à l'époux acquéreur; les actes de disposition des biens communs ou les actes d'administration des biens

Effet du jugement remontant au jour de la demande. Distinction à faire entre les deux séparations.

propres de la femme faits par le mari postérieurement à la demande, ne peuvent pas être opposés à la femme. Cependant le mari est resté en fait administrateur des biens communs et les actes faits sans fraude en cette qualité sont valables même à l'égard de la femme (1445 et 1449).

Le principe de rétroactivité est commun à tous les jugements. — Cependant la question de savoir si la séparation de biens qui résulte de la séparation de corps rétroagit au jour de la demande est controversée, et nous pensons que pour éviter une contestation sur ce point il est prudent lorsque les reprises de la femme sont en péril de demander tout à la fois par l'exploit introductif d'instance la séparation de corps et la séparation de biens, et de remplir de front les formalités prescrites pour l'une et l'autre séparation. Un arrêt de cassation du 12 mai 1869 décide que lorsque la séparation de biens est prononcée, non par voie d'action principale, mais comme conséquence légale de la séparation de corps, ses effets ne remontent pas au jour de la demande, à l'égard des tiers ; alors même que la femme aurait, dans son exploit introductif d'instance, demandé la séparation de biens en même temps que la séparation de corps, si elle n'a pas donné à cette demande en séparation de biens la publicité légale.

Pouvoirs de la femme après la séparation de biens. La femme, reprenant par suite de la séparation l'administration de ses biens, peut sans aucune autorisation toucher ses réserves, louer ses immeubles pour une période de neuf ans, aliéner à titre onéreux son mobilier, poursuivre ses débiteurs, recevoir les capitaux mobiliers. — Elle peut faire en un mot tous les actes qui ne dépassent pas la limite d'une très large administration (1449). Mais elle ne peut, sans autorisation, aliéner ses immeubles, ni donner son mobilier (même article).

Charges du ménage. Elle est obligée de contribuer aux charges du mariage proportionnellement à ses facultés et à celles de son mari, et de les supporter seule si le mari n'a rien (1448).

Administration des biens de la femme par le mari avec ou sans mandat. Elle peut donner à son mari mandat d'administrer pour elle. Le mari est alors comptable comme tout mandataire des fruits qu'il a perçus (1577).

Si après la séparation le mari administre sans mandat mais aussi sans opposition de sa femme, il n'est comptable que des fruits encore existants ; quant à ceux qui sont consommés, ils sont réputés employés, du consentement de la femme, aux besoins du ménage (1539, 1578).

S'il jouit malgré l'opposition constatée de sa femme, il est alors comptable de tous les fruits existants ou non (1579).

Il existe quelques différences entre le cas où un immeuble de la femme est vendu par la communauté et celui où il est vendu depuis la séparation de biens (1450). Lorsque l'immeuble est vendu durant la communauté, la femme n'a pas le droit de toucher le prix. S'il est payé, la communauté en devient propriétaire et débitrice envers la femme. Si l'argent est placé, c'est pour le compte et aux risques de la communauté, et par conséquent du mari, car il est garant envers sa femme des obligations de la communauté. — S'il y a remploi, l'immeuble nouvellement acquis appartient à la femme et reste à ses risques. Lorsque, au contraire, l'immeuble est vendu après la séparation de biens, le prix est payé à la femme qui peut en disposer comme bon lui semble à ses risques et périls. Mais si le mari a touché le prix, ou si ce prix a tourné à son profit, il en est responsable et il doit en faire emploi, c'est-à-dire le placer, ou en faire remploi, c'est-à-dire l'employer à acquérir un autre immeuble.

Le mari est présumé avoir touché le prix dans deux cas : 1° lorsque la vente ayant eu lieu avec son autorisation il a été présent au contrat; 2° lorsque la femme ayant, sur son refus, obtenu l'autorisation de justice, il a plus tard concouru au contrat. La loi suppose dans ces deux cas que le mari a usé de son influence sur sa femme pour se faire remettre le prix; mais en dehors de ces deux cas la présomption légale n'existe plus. C'est à la femme à établir par d'autres preuves que le prix a été touché par son mari ou qu'il a tourné à son profit.

Le mari n'est pas responsable de l'utilité de l'emploi ou du remploi. — Tant pis pour la femme si le débiteur solvable tout d'abord tombe plus tard en faillite. L'argent a été placé à ses risques, elle doit en surveiller la conservation.

La femme ne peut exercer après la séparation ses droits de survie; mais elle conserve la faculté de les exercer lors de la mort de son mari (1452). Lorsqu'il s'agit d'une séparation de corps et de biens la femme peut exiger caution de son mari (1518).

L'époux contre lequel la séparation a été prononcée perd son droit au gain de survie (1518).

Les héritiers de la femme décédée avant le jugement de séparation de biens peuvent continuer l'instance. La femme peut continuer le procès contre les héritiers du mari décédé avant le jugement, pour, dans l'un et l'autre cas, faire remonter la dissolution de la communauté au jour de la demande.

III. — LE RÉTABLISSEMENT DE LA COMMUNAUTÉ ET SES EFFETS.

La communauté dissoute peut être rétablie.

Les époux peuvent d'un commun accord rétablir leur communauté dissoute soit par la séparation de corps et de biens, soit de biens seulement, mais en adoptant, sous peine de nullité, les conditions qui les réglaient primitivement (1451).

Elle ne peut être rétablie que par acte passé devant notaire, et avec minute, dont une expédition doit être affichée dans la forme de l'art. 1445.

Exécution des actes faits dans l'intervalle.

La communauté reprend alors son effet du jour du mariage; les choses sont remises au même état que s'il n'y avait pas eu de séparation, sans préjudice néanmoins de l'exécution des actes qui, dans cet intervalle, ont été faits par la femme, en conformité de l'art. 1449; ainsi sont maintenues les aliénations à titre onéreux et mobilières, les baux de neuf ans qu'elle a consentis, les quittances qu'elle a données, etc., etc.

IV. — FORMALITÉS A REMPLIR PAR LA FEMME APRÈS LA DISSOLUTION DE LA COMMUNAUTÉ. SON ACCEPTATION ET SA RENONCIATION.

La femme doit accepter la communauté ou y renoncer.

Après la dissolution de la communauté, la femme doit prendre qualité (1453). Si elle renonce, tous les biens de la communauté restent à son mari qui est alors chargé du payement des dettes (1492-1494). Si elle accepte, elle prend la moitié de l'actif; elle supporte la moitié du passif, quelque considérable qu'il soit, fût-il supérieur à la moitié active. Mais lorsqu'elle fait inventaire elle n'est tenue des dettes que jusqu'à concurrence de son émolument actif (1483).

Quid lorsqu'elle est mineure ?

Lorsque la femme est mineure elle ne peut accepter ni répudier la communauté sans l'assistance d'un curateur, si elle est veuve, ou sans l'autorisation de son mari ou de justice, si elle est séparée, soit de corps, soit de biens.

L'acceptation peut être expresse ou tacite.

Quand elle est majeure, elle peut accepter expressément ou tacitement : expressément en prenant dans un acte la qualité de commune, en s'immisçant dans les biens de la communauté, en vendant, par exemple, son droit indivis sur un immeuble (1454). Les actes purement administratifs ou conservatoires n'emportent point acceptation tacite, comme, par exemple, les opérations urgentes, les interruptions de prescription sur le point de s'accomplir, les renouvellements d'inscriptions sur le point d'être périmées.

Détournements d'objets de la communauté. — Conséquences.

La femme qui détourne des effets de la communauté accepte tacitement (1460). Elle est déchue du bénéfice qui lui est accordé de n'être tenue des dettes que jusqu'à concurrence de ce qu'elle retire de la communauté (1483). Elle est en outre privée de sa portion dans les effets détournés.

Cette dernière disposition s'applique au mari ou à ses héritiers. Les objets par eux détournés appartiennent en totalité à la femme si elle accepte la communauté.

La renonciation se fait au greffe du tribunal civil du domicile du mari sur un registre établi à cet effet.

La renonciation et l'acceptation sont irrévocables, à moins qu'il n'y ait eu dol pratiqué contre la femme (1455).

Les créanciers personnels de la femme peuvent attaquer la renonciation qu'elle a faite en fraude de leurs droits et accepter la communauté de son chef (1464). Ils peuvent également faire rescinder l'acceptation faite en fraude de leurs droits (1167).

Lorsque la communauté est dissoute par le décès du mari, la veuve a trois mois pour faire inventaire, et, à partir de l'expiration de ce délai ou de la confection de l'inventaire, s'il a été terminé avant l'expiration des trois mois, quarante jours pour délibérer (1456 et 1457).

Ces délais peuvent être, suivant les circonstances, prorogés par le tribunal civil, sur la demande de la femme, les héritiers du mari entendus ou eux dûment appelés (1458).

Pendant ces délais, la veuve profite de l'exception dilatoire dont il est parlé dans l'art. 147 du C. de pr. — Elle n'est pas obligée de répondre à l'action des créanciers, et si elle renonce, les frais occasionnés par leurs poursuites restent à la charge de la communauté.

La veuve peut encore renoncer après l'expiration des délais dont il s'agit, même alors qu'elle n'a pas fait d'inventaire, c'est du moins ce qui est généralement admis, mais pourvu qu'elle ne se soit pas immiscée, c'est-à-dire qu'elle n'ait accepté ni expressément, ni tacitement. A défaut d'inventaire la veuve supporte les frais faits contre elle par les créanciers jusqu'à sa renonciation (1459).

Pendant les trois mois et quarante jours, la veuve a le droit de prendre sa nourriture et celle de ses domestiques sur les provisions existantes, et, à défaut, par emprunt, au compte de la masse commune, et elle ne paye pas le loyer de son habitation (1465). Ce privilége ne se prolonge point en cas de prorogation des délais. Il continue pendant tout le délai légal, quoique la veuve ait pris qualité avant qu'il fût expiré.

La veuve est réputée acceptante tant qu'elle n'a pas renoncé. D'où faculté de renoncer.

il suit qu'après trente ans elle est définitivement commune; car la faculté de renoncer se prescrit par trente ans (789).

Lorsque la communauté est dissoute par le décès du mari, la femme est présumée acceptante. En est-il de même lorsque la communauté est dissoute par la séparation de corps ou la séparation de biens ?

Lorsque la communauté est dissoute par la séparation de corps ou par la séparation de biens, la femme est réputée renonçante; d'où il suit qu'après trente ans elle est définitivement étrangère à la communauté; mais jusque là elle peut encore accepter, puisqu'elle n'est que présumée renonçante (1463).

La femme séparée a-t-elle le même privilége que la veuve pendant le délai légal ?

La femme séparée n'a pas comme la veuve le droit à la nourriture et au logement pendant le délai légal.

Communauté dissoute par le décès de la femme. — *Quid ?*

Lorsque la communauté est dissoute par la mort de la femme, le droit d'accepter ou de répudier la communauté s'ouvre dans la personne de ses héritiers (1466).

Délai accordé à ses héritiers.

Si la communauté est dissoute du vivant de la femme et que celle-ci meure sans avoir pris parti, elle transmet à ses héritiers le droit d'accepter ou de répudier la communauté. Si son décès a eu lieu avant les trois mois, sans avoir fait ou terminé l'inventaire, les héritiers ont un nouveau délai de trois mois à compter de son décès pour faire l'inventaire et quarante jours pour délibérer. Si elle meurt aprè avoir fait inventaire, les héritiers ont pour délibérer quarante jours à compter de son décès. Mais comme les héritiers ne peuvent accepter ou répudier la communauté sans prendre par cela même qualité dans la succession de la femme, et que d'un autre côté la loi leur accorde trois mois et quarante jours pour faire inventaire et délibérer, il faut bien reconnaître, pour donner un sens raisonnable à la loi, qu'ils doivent avoir un seul et même délai, trois mois et quarante jours pour prendre parti tant sur la communauté que sur la succession, à moins cependant qu'ils n'acceptent la succession de la femme avant l'expiration des quarante jours à compter de son décès, auquel cas ils seraient tenus d'accepter ou de répudier la communauté dans ce même délai de quarante jours.

Le parti que ses héritiers peuvent prendre.

Lorsque la communauté est dissoute par le décès de la femme, le droit d'accepter ou de répudier la communauté s'est divisé en naissant et chaque héritier peut prendre le parti que bon lui semble (1475). Mais si la communauté est dissoute autrement que par le prédécès de la femme et si celle-ci est décédée sans avoir pris qualité, ses héritiers ne peuvent pas prendre des partis différents. Leurs droits sont les mêmes que ceux de la femme qui ne pouvait pas tout à la fois accepter et renoncer. Ils doivent s'entendre pour prendre l'une ou l'autre qualité (1475).

Les héritiers ont les mêmes droits que la femme pour la prorogation des délais ; mais ils n'ont point le privilége relatif à sa subsistance et au logement.

§ IX. — L'ACTIF ET LE PASSIF DE LA COMMUNAUTÉ. PRÉLÈVEMENTS DES ÉPOUX. PARTAGE. OBLIGATION ET CONTRIBUTION AUX DETTES. RENONCIATION A LA COMMUNAUTÉ.

I. — ACTIF.

La masse active se compose :

Des immeubles de la communauté ;

Des meubles corporels ;

Du mobilier incorporel, commes les créances dues à la communauté ;

Et de toutes les sommes dues à la communauté par les époux, à titre de récompense ou d'indemnité (1468). — Voir ci-dessus la section 4.

Ces récompenses ou indemnités sont principalement :

1º Les amendes encourues par les époux pour crime ou délit et payées par la communauté (1424 et 1425) ;

2º Les sommes prises sur la communauté pour acquitter des dettes personnelles à l'un des deux époux (1437).

3º Les sommes tirées de la communauté pour l'utilité personnelle d'un des époux (1437).

Dot des enfants communs (1438 à 1440, 1469).

Dot de l'enfant d'un autre lit (1469).

4º Les intérêts des récompenses dues par les époux à la communauté, à partir du jour de la dissolution (1473).

II. — PASSIF.

Nous avons énuméré sous le § 3 ci-dessus, les dettes à la charge de la communauté, s'y reporter. Avant de procéder au partage il faut prélever sur la masse active une somme suffisante pour payer ces dettes.

III. — PRÉLÈVEMENTS DES ÉPOUX.

Pendant la communauté, les biens du mari, ceux de la femme et les biens communs ne forment qu'une seule masse. Mais lorsque la

Masse active.

Masse passive.

communauté est dissoute et qu'il s'agit de la liquider, il faut former la masse véritablement commune et déterminer les biens à partager.

Pour y arriver chaque époux ou son héritier prélève :

1° Ses biens personnels qui ne sont point entrés en communauté, ou ceux acquis en remploi ;

2° Le prix de ses immeubles aliénés sans remploi ;

3° Les indemnités qui lui sont dues par la communauté (1470, 592, 716, 1433, 1473).

Remploi à l'égard du mari (1434, 1436).

A l'égard de la femme (1435, 1436).

Les reprises de la femme. Les prélèvements ou reprises de la femme s'exercent avant ceux du mari. Ils s'exercent pour les biens qui n'existent plus en nature, d'abord sur l'argent comptant, ensuite sur le mobilier, et subsidiairement sur les immeubles de la communauté : dans ce dernier cas le choix des immeubles est déféré à la femme et à ses héritiers (1471).

Celles du mari. Le mari ne peut exercer ses reprises que sur les biens de la communauté. La femme et ses héritiers, en cas d'insuffisance de la communauté, exercent leurs reprises sur les biens personnels du mari (1472).

Les reprises de la femme s'exercent avant celles du mari. Ainsi la femme passe la première. Si ses reprises absorbent l'actif de la communauté, le droit du mari est éteint. Elle a le choix aussi bien pour les meubles que pour les immeubles. Cependant elle doit prendre celui des immeubles dont la valeur se rapproche le plus du montant de ses reprises ; mais pourrait-elle contrairement à l'article 1471 exercer ses reprises d'abord sur les immeubles ? Quelques personnes pensent que, si la femme ne peut pas obliger son mari à passer le premier, elle peut tout au moins venir en concurrence avec lui, car il est presque toujours plus avantageux d'exercer les reprises sur les immeubles que sur les meubles, et le but de la loi qui est de protéger la femme serait manqué, si celle-ci devait absorber seule les valeurs mobilières pour laisser au mari les immeubles.

Le prélèvement fait par la femme ne donne pas lieu à des droits de mutation, lorsqu'il est considéré comme une opération préalable au partage. Le prélèvement est considéré comme une opération préalable au partage qui se confond avec lui, et ne donne par conséquent ouverture à aucun endroit de mutation. Mais il en est autrement lorsque la femme exerce ses reprises sur les biens personnels de son mari, car alors elle n'a plus la qualité d'un copartageant mais d'un créancier ordinaire, et si le mari consent à donner un de ses immeubles en payement, cette *datio insolutum* est une espèce de vente qui donne lieu à des droits de mutation et de quittance.

La femme exerce ses Mais lorsque la femme a renoncé à la communauté, que ses reprises sont liquidées et qu'elle veut les exercer sur les biens provenant de la communauté dissoute, alors que la communauté est mauvaise et qu'elle se trouve en présence des créanciers, quelle est véritablement la nature de son droit? Est-elle co-propriétaire ou simplement créancière? Peut-elle exercer ses reprises en nature par préférence aux créanciers, ou, simple créancière, doit-elle venir en concurrence avec ces derniers sur le prix des biens provenant de la communauté dissoute?

reprises non pas comme co-propriétaire, mais simplement comme créancière. Elle vient en concurrence avec les autres créanciers sur les biens provenant de la communauté.

Cette question a été l'objet de la plus vive controverse jusqu'à l'arrêt solennel de la Cour de Cassation, du 16 janvier 1858, par lequel cette Cour, qui s'était d'abord prononcée pour le droit de propriété, a adopté la doctrine contraire. Depuis cet arrêt qui a fixé la jurisprudence la femme n'est plus considérée que comme créancière ordinaire venant en concurrence avec les autres créanciers sur les biens provenant de la communauté, sauf l'effet de son hypothèque légale sur les biens personnels du mari.

IV. — LE PARTAGE ET SES EFFETS.

Les prélèvements faits, ce qui reste est partagé par moitié, entre les époux ou ceux qui les représentent (1474 à 1477).

Les règles établies au titre des successions, pour les partages entre co-héritiers, sont applicables au partage de la communauté.

Le partage de la communauté, quant à ses formes, la licitation des immeubles, les effets du partage, la garantie et les soultes, est soumis à toutes les règles établies au titre des successions pour les partages entre cohéritiers (1476).

Ainsi chaque époux est censé avoir toujours été seul propriétaire des objets compris dans son lot, et étranger aux objets échus à son conjoint (833). Le partage remonte, quant à ses effets, au jour de la dissolution de la communauté. Si donc le mari avait, postérieurement à la dissolution, hypothéqué un immeuble compris dans le lot de la femme, l'hypothèque serait nulle, puisqu'au jour où elle a été conférée le mari était sans droit sur l'immeuble.

Lorsqu'un héritier meurt sans avoir pris qualité dans la succession qui lui est échue et qu'il laisse plusieurs héritiers, ceux-ci sont obligés de s'entendre pour accepter ou répudier la succession, sinon elle est de plein droit acceptée sous bénéfice d'inventaire (782). Chaque héritier ne peut pas prendre le parti que bon lui semble.

La succession est de plein droit acceptée sous bénéfice d'inventaire, lorsque les héritiers d'un héritier prédécédé ne s'entendent pas pour prendre qualité.

Lorsque, au contraire, la communauté est dissoute par le décès de la femme, l'art. 1475 autorise chaque héritier à opter entre l'accepta-

Lorsque, au contraire, la communauté est.

dissoute par le décès de la femme, chaque héritier peut prendre le parti que bon lui semble.

tion et la renonciation. Si dans l'hypothèse de deux héritiers, l'un accepte et l'autre renonce, celui qui accepte ne peut prendre que sa portion virile et héréditaire dans les biens qui échoient au lot de la femme. Le surplus reste au mari qui demeure chargé envers l'héritier renonçant des droits que la femme aurait pu exercer en cas de renonciation, mais jusqu'à concurrence seulement de la portion virile et héréditaire du renonçant. Ainsi, par exemple, lorsque la femme a stipulé qu'en cas de renonciation le mari lui payerait la somme de 5,000 francs, si les deux héritiers de la femme acceptent, la communauté se partage, et la somme n'est pas due. S'ils renoncent, la somme est due, et le mari garde la communauté. Si l'un accepte et l'autre renonce, l'acceptant reçoit un quart de la communauté, et le renonçant la moitié de la somme due ; le mari a les trois quarts de la communauté, et paye moitié de la somme stipulée.

V. — CRÉANCES DES ÉPOUX ENTRE EUX. DEUIL DE LA FEMME.

Créance des époux entre eux.

Après le partage consommé, si l'un des deux époux est créancier personnel de l'autre, comme lorsque le prix de son bien a été employé à payer une dette personnelle de l'autre époux, ou pour toute autre cause, il exerce sa créance sur la part qui est échue à celui-ci dans la communauté ou sur ses biens personnels (1478).

Les intérêts de ces créances ne sont dus que du jour de la demande en justice.

Les créances personnelles que les époux ont à exercer l'un contre l'autre, ne portent intérêt que du jour de la demande en justice (1479).

Exécution de la donation faite par un époux à l'autre.

Les donations que l'un des époux a pu faire à l'autre, ne s'exécutent que sur la part du donateur dans la communauté, et sur ses biens personnels (1480).

Le deuil de la veuve.

Le deuil de la femme est aux frais des héritiers du mari prédécédé (1481).

Sa valeur.

La valeur de ce deuil est réglée selon la fortune du mari.

Il est dû même à la femme qui renonce à la communauté.

Privilége.

On décide généralement que le deuil de la veuve rentre dans la catégorie des créances privilégiées de l'art. 2101, au même titre que les frais funéraires. La jurisprudence est même fixée dans ce sens. (Voir *Sirey*, art. 2101).

VI. — LA CONTRIBUTION ET L'OBLIGATION AUX DETTES. — DISPOSITIONS GÉNÉRALES.

Obligation et contribu-

Il ne faut pas confondre l'obligation aux dettes avec la contribution

aux dettes. Il arrivera souvent que l'obligation sera plus forte que la
contribution. Ainsi, par exemple, la femme qui devait avant son
mariage 20,000 francs peut être poursuivie par le créancier pour la
somme entière, car le mariage de la débitrice n'a pas pu modifier le
droit du créancier en l'amoindrissant. Mais à l'égard de son mari la
femme n'en doit supporter qu'une moitié. Il est même possible qu'un
époux soit obligé de payer la totalité d'une dette dont il ne doit supporter aucune partie dans ses rapports avec son conjoint : un emprunt
a été contracté solidairement par les deux époux, mais dans l'intérêt
personnel de l'un d'eux, du mari, par exemple ; la femme sera tenue
de la dette pour le tout envers le créancier, quoiqu'elle n'en doive
supporter aucune portion dans ses rapports avec son mari.

Pour déterminer le quantum dont chaque époux est tenu envers le
créancier (obligation aux dettes) il faut considérer en quelle qualité il
est actionné. Si c'est comme débiteur, abstraction faite de sa qualité
d'époux commun, il est tenu pour le tout ; si c'est comme époux commun, il n'est tenu que pour moitié seulement, puisqu'il n'est commun que pour moitié. Ainsi, les créanciers du mari pour dettes contractées antérieurement au mariage ou pendant le mariage, ont contre
lui action pour le tout, car il est débiteur ; ils ne peuvent actionner
la femme que pour moitié, car elle n'est tenue qu'en sa qualité de
commune. Les créanciers de la femme pour dettes contractées antérieurement au mariage ou depuis avec l'autorisation du mari (ou de
justice, dans les deux cas exceptionnels de l'art. 1427), ont contre elle
action pour le tout, car elle est tenue comme débitrice, et indépendamment de sa qualité de commune ; ils ont action pour moitié seulement contre le mari, qui ne peut être poursuivi qu'en sa qualité de
commun. Cependant quelques auteurs soutiennent que, lorsque la
femme s'est obligée avec l'autorisation de son mari, celui-ci est tenu
de la totalité de la dette.

Lorsqu'un immeuble de communauté est grevé d'une hypothèque,
l'époux dans le lot duquel tombe l'immeuble peut être poursuivi pour
la dette entière, car l'hypothèque est indivisible (2114). Mais il peut
exercer un recours contre l'autre époux pour la moitié à la charge de
ce dernier.

Pour déterminer le quantum que chaque époux doit supporter définitivement (contribution aux dettes), il faut rechercher si la dette était
tombée dans la communauté sans récompense, ou à charge de récompense. Au premier cas, chaque époux en supporte la moitié ; au second, elle est supportée pour le tout par l'époux qui eût été débiteur
de la récompense si la communauté, pendant qu'elle durait encore,

eût acquitté la dette. Ainsi, par exemple, le mari ou la femme devait avant son mariage 20,000 francs, et l'obligation n'était point relative à un propre de l'époux débiteur, la dette est tombée dans la communauté sans récompense, et par suite chaque époux est tenu d'en payer la moitié. Si l'époux débiteur a été contraint de payer la totalité de la dette, il aura son recours pour moitié contre son conjoint. Mais si cette dette était relative à un propre, ou si l'emprunt contracté pendant le mariage l'a été dans un intérêt personnel à l'époux emprunteur, la communauté n'était tenue que sauf récompense, la dette restera, par conséquent, à la charge exclusive de l'époux débiteur.

Communauté insolvable. — Effets de la renonciation de la femme. — Bénéfice d'inventaire.

Lorsque la communauté est solvable, les règles sur l'obligation et la contribution aux dettes reçoivent leur application sans modification. Mais lorsqu'elle est insolvable, ces règles sont alors modifiées au profit de la femme, par l'effet du bénéfice d'inventaire. La femme qui a fait bon et fidèle inventaire des biens de la communauté n'est pas obligée aux dettes, et n'y contribue que jusqu'à concurrence de son émolument actif.

Mais lorsque la femme est poursuivie comme débitrice pour une dette tombée de son chef dans la communauté, elle ne peut opposer au créancier le bénéfice d'inventaire, puisqu'elle est personnellement obligée, sauf son recours contre le mari pour la portion excédant son émolument actif. Si cependant la dette était relative à un propre de la femme, celle-ci n'aurait aucun recours à exercer contre son mari, puisque la communauté n'était tenue que sauf récompense par la femme.

Le bénéfice d'inventaire est, au contraire, opposable au mari pour toute espèce de dettes, tant pour celles qui sont tombées dans la communauté de son chef, que pour celles qui y sont entrées du chef de la femme.

La femme n'a pas de déclaration à faire au greffe. — Il lui suffit de faire inventaire.

La femme n'est pas tenue comme l'héritier de faire une déclaration au greffe pour profiter du bénéfice d'inventaire. Il lui suffit de faire un inventaire fidèle et exact des biens de la communauté.

Après la dissolution de la communauté, les dettes personnelles au mari peuvent-elles être poursuivies contre lui et la femme ou contre lui seulement?

Après la dissolution de la communauté, les dettes personnelles du mari, qui peuvent être poursuivies sur la communauté tant qu'elle dure, telles que celles qui sont nées d'un délit ou qui font partie d'une succession immobilière, peuvent-elles l'être contre le mari et la femme (sauf le règlement de la récompense à intervenir entre eux)? L'action des créanciers n'est-elle pas, au contraire, restreinte aux biens propres du mari et à sa part dans la communauté?

Cette question est controversée. La solution ne se trouve dans aucun texte formel. Nous pensons que les créanciers ne peuvent atteindre la part de la femme dans la communauté.

CONTRIBUTION QUANT AU MARI.

Le mari est tenu des dettes de la communauté par lui contractées, sauf son recours contre la femme ou ses héritiers pour la moitié desdites dettes (1484).

Les dettes de la communauté.

Il n'est tenu que pour moitié de celles personnelles à la femme, et qui étaient tombées à la charge de la communauté (1485).

Celles de la femme.

Il doit la totalité hypothécairement si l'immeuble grevé lui est échu, sauf son recours contre la femme pour moitié (1489).

La dette garantie par une hypothèque.

CONTRIBUTION QUANT A LA FEMME.

La femme, en renonçant et en justifiant de sa renonciation, est libérée de toute contribution aux dettes de la communauté, tant à l'égard du mari que des créanciers. Mais elle reste cependant tenue envers ceux-ci, lorsqu'elle s'est obligée conjointement avec son mari, ou lorsque la dette, devenue dette de la communauté, provenait originairement de son chef, le tout sauf son recours contre le mari ou ses héritiers (1494).

La femme qui renonce est libérée, à moins qu'elle ne se soit obligée conjointement, auquel cas elle est tenue pour moitié, ou pour le tout, si l'obligation est solidaire.

La femme, même personnellement obligée pour une dette de communauté, ne peut être poursuivie que pour la moitié de cette dette, à moins que l'obligation ne soit solidaire (1487), sauf son recours dans ce dernier cas (1431).

S'il y a eu inventaire fidèle et exact, elle ne contribue aux dettes de la communauté que jusqu'à concurrence de son émolument (1483).

Inventaire. — Émolument de la femme dans la communauté.

La femme peut être poursuivie pour la totalité des dettes procédant de son chef, et qui étaient entrées dans la communauté, sauf son recours contre le mari ou ses héritiers pour la moitié desdites dettes (1486).

Dettes tombées dans la communauté du chef de la femme.

Elle est tenue hypothécairement pour le tout, s'il lui est échu par le partage un immeuble grevé, sauf son recours pour la moitié de la dette contre le mari ou ses héritiers (1489).

Dette hypothécaire.

Lorsqu'elle a payé une dette de la communauté au delà de la moitié, elle n'a point de répétition contre le créancier pour l'excédant, à moins que la quittance n'exprime que ce qu'elle a payé était pour sa moitié (1488).

Répétition à faire par la femme lorsqu'elle paye plus de sa moitié.

Toutes les fois que l'un des co-partageants a payé des dettes de la communauté au delà de la portion dont il était tenu, il y a lieu au recours de celui qui a trop payé contre l'autre (1490).

Si lorsqu'elle paye la totalité.

La femme qui a renoncé peut exercer son recours contre le mari ou ses héritiers pour la totalité des dettes qu'elle a été obligée d'acquitter (1494).

Les héritiers des époux.

Voir l'art. 1491 pour ce qui concerne les héritiers des époux.

VII. — LA RENONCIATION A LA COMMUNAUTÉ ET SES EFFETS.

Délais pour faire inventaire et renoncer.

La renonciation se fait au greffe du tribunal civil de l'arrondissement dans lequel se trouve le domicile du mari. Elle doit avoir lieu dans les trois mois et quarante jours après la dissolution de la communauté (1457). Elle doit être précédée d'un inventaire fidèle et exact fait dans les trois mois de la dissolution (1456). Ces délais peuvent être prorogés (1458). Mais lorsque la communauté est dissoute par la séparation de biens, la femme se trouve presque toujours dans la nécessité de renoncer de suite pour exécuter le jugement dans la quinzaine (1444).

Jusqu'à sa renonciation, la femme est présumée acceptante.

Le cas de séparation de corps excepté.

Jusqu'à ce que la femme ait renoncé, elle est présumée acceptante, et les créanciers peuvent la poursuivre comme commune (1459). Cependant, lorsque la communauté est dissoute par la séparation de corps, si la femme n'a pas accepté dans les trois mois et quarante jours, elle est censée avoir renoncé (1463).

Voir au surplus ce que nous avons dit ci-dessus sous les numéros 2 et 4 du § 8.

La femme qui renonce est sans droit sur les biens de la communauté.

La femme qui renonce perd toute espèce de droits sur les biens de la communauté. Le mari garde tout l'actif, même celui qui est tombé dans la communauté du chef de la femme. Il supporte seul tout le passif, même celui qui est tombé dans la communauté du chef de sa femme.

Les linges et hardes à son usage.

Le logement et la nourriture pendant certains délais.

La femme retire seulement les linges et hardes à son usage (1492). Elle ne paye rien pour le logement et la nourriture qu'elle a pris pendant les délais pour faire inventaire et délibérer (1465 et 1495).

Les dettes restent à la charge du mari.

Le cas où la femme s'est obligée conjointement ou solidairement.

Toutes les dettes restent à la charge du mari; mais la femme est néanmoins tenue envers les créanciers lorsqu'elle s'est obligée conjointement ou solidairement avec son mari, ou encore lorsque la dette, devenue dette de communauté, provenait originairement de son chef; le tout sauf son recours contre le mari ou ses héritiers (1494).

La femme renonçante a le droit de reprendre les immeubles à elle appartenant, lorsqu'ils existent en nature, ou l'immeuble qui a été acquis en remploi, le prix de ses immeubles aliénés dont le remploi n'a pas été fait et accepté et toutes les indemnités qui peuvent lui être dues par la communauté (1493); et enfin ses frais de deuil réglés selon la fortune du mari (1481). *Reprises que la femme renonçante peut exercer.*

Elle peut exercer ses actions et reprises tant sur les biens de la communauté que sur les biens personnels du mari (1495). (Voir ce que nous avons dit ci-dessus à ce sujet sous le numéro 3 du présent §).

Lorsque la communauté est dissoute par le décès de la femme, et que ses héritiers renoncent tous, les effets sont les mêmes à leur égard qu'à l'égard de la femme. Mais ils n'ont pas droit aux linges et hardes de la femme, au logement et à la nourriture, ni au deuil (1495), à moins que le droit ne soit ouvert en la personne de la femme, ce qui arrive lorsque la communauté est dissoute, autrement que par son décès. *Droits des héritiers de la femme lorsque la communauté est dissoute par son décès.*

Chaque héritier peut-il prendre un parti différent (1475)?

(Voir ce que nous avons dit à cet égard sous le numéro 4 ci-dessous.)

Les intérêts des reprises ne sont dus que du jour de la demande en justice (1479). *Les intérêts des reprises sont dus du jour de la demande.*

Les créanciers de la femme peuvent attaquer la renonciation qui aurait été faite par elle ou par les héritiers en fraude de leurs droits, et accepter la communauté de leur chef (1464). *Les créanciers de la femme peuvent attaquer la renonciation faite en fraude de leurs droits.*

§ X. — DISPOSITION RELATIVE A LA COMMUNAUTÉ LÉGALE LORSQUE L'UN DES ÉPOUX OU TOUS DEUX ONT DES ENFANTS DE PRÉCÉDENTS MARIAGES.

L'art. 1496 est ainsi conçu : « Tout ce qui est dit ci-dessus (concernant le régime de la communauté) sera observé même lorsque l'un des époux ou tous deux auront des enfants de précédents mariages. Si toutefois la confusion du mobilier et des dettes opérait, au profit de l'un des époux, un avantage supérieur à celui qui est autorisé par l'art. 1098, au titre des donations entre vifs et des testaments, les enfants du premier lit de l'autre époux auront l'action en retranchement. »

Pour bien faire comprendre cette disposition il est nécessaire de poser l'exemple que voici : Le mari avait une fortune purement immobilière et 40,000 francs de dettes mobilières. La femme possédait 60,000 francs de biens meubles, sans aucune dette : qu'est-il arrivé ? L'apport du mari étant immobilier, lui est resté propre et les 40,000 francs de dettes mobilières sont tombés dans la communauté qui est devenue propriétaire de 60,000 francs formant l'apport mobilier de la femme. D'où il suit que les dettes du mari ont été payées avec les biens de la femme. Le mari a gagné et la femme perdu 40,000 fr.; en outre le mari gagne et la femme perd la moitié des 20,000 francs qui restent dans l'actif. Les cinq sixièmes de la fortune de la femme sont passés de son patrimoine dans celui du mari.

L'art 1496 autorise les enfants du premier lit à critiquer cet avantage considérable et à le faire réduire dans les limites de l'art. 1098, c'est-à-dire à une part d'enfant, sans que cette part puisse jamais dépasser le quart. Mais si la loi voit dans cet avantage une libéralité indirecte réductible, il n'en est pas de même lorsque le conjoint qui a perdu au contrat de mariage n'a pas d'enfant du premier lit. Le profit qu'en a retiré son conjoint est alors considéré, non pas comme une libéralité, mais comme le résultat d'un contrat à titre onéreux. En conséquence ses héritiers réservataires, c'est-à-dire les enfants nés de son mariage ou ses ascendants, n'ont point d'action en réduction.

Les enfants nés du mariage n'ont pas l'action en réduction, parce qu'ils n'y ont pas grand intérêt. Ce qui manque, en effet, dans la succession de l'un, ils le retrouvent dans la succession de l'autre. Si les enfants du premier lit exercent l'action en retranchement, les biens obtenus par l'effet de la réduction rentrent dans la succession du défunt pour être partagés par égales portions entre tous ses enfants.

CHAPITRE II

DE LA COMMUNAUTÉ CONVENTIONNELLE ET DES CONVENTIONS QUI PEUVENT MODIFIER OU MÊME EXCLURE LA COMMUNAUTÉ LÉGALE

§ I. — LA COMMUNAUTÉ RÉDUITE AUX ACQUETS.

Cette communauté est une modification de la communauté légale, dont elle diffère, suivant la volonté des parties, qui doivent cependant se conformer aux règles établies dans les art. 1387 à 1390. Voir l'art. 1498.

Elle modifie la communauté légale sous deux rapports :

1o Les meubles présents et les dettes mobilières présentes qui tombent dans la communauté légale sont exclus de la communauté réduite aux acquets. *Modification de la communauté légale.*

2o La première acquiert activement et passivement les donations mobilières faites à l'un des époux pendant le mariage, et les successions mobilières qui lui échoient; dans la seconde, ces donations et successions restent activement et passivement propres à l'époux donataire, héritier ou légataire.

Ainsi l'actif de cette communauté se compose : *Actif de la communauté.*

1o Des fruits ou revenus des propres des époux, perçus ou échus depuis le mariage et avant la dissolution de la communauté ;

2o Des bénéfices que les époux acquièrent par leur industrie ;

3o Des biens acquis avec les économies qu'ils ont faites sur leurs revenus et sur les produits de leur industrie;

4o De ceux qui leur sont donnés à la condition qu'ils tomberont dans la communauté.

Le passif se compose des mêmes dettes que celles qui tombent dans la communauté légale, excepté cependant: 1o les dettes présentes; *Le passif.*

2º les dettes qui grèvent les successions, donations ou legs acquis pendant le mariage.

Tout bien est réputé acquêt de communauté (1499). En conséquence lorsqu'un époux prétend que tel bien lui appartient comme propre, c'est à lui de le prouver. Le mari doit faire la preuve en représentant un inventaire, ou un état en bonne forme, comme par exemple, un état estimatif accompagnant une donation, ou un compte de tutelle. La femme doit faire la même preuve lorsque sa réclamation porte sur un meuble dont elle prétend avoir eu la propriété antérieurement au mariage, parce qu'alors elle n'était pas placée sous la domination du mari; mais si elle réclame un bien qu'elle prétend avoir acquis pendant le mariage à titre de succession, donation ou legs, elle pourra faire la preuve de son droit, soit par témoins, soit par commune renommée. Son état de dépendance a pu l'empêcher de se procurer une preuve écrite (1504-1348).

Tout bien est réputé acquêt de communauté.
Preuve à faire par les époux.

§ II. — LA CLAUSE QUI EXCLUT DE LA COMMUNAUTÉ LE MOBILIER EN TOUT OU EN PARTIE.

Dans la pratique on appelle cette clause :
Exclusion de communauté, stipulation de propres, réalisation.

L'exclusion de communauté est expresse ou tacite.

L'exclusion de communauté peut être expresse ou tacite (1500). Elle est expresse lorsqu'on dit : Le mobilier présent sera exclu de la communauté. Elle peut être plus ou moins étendue; ainsi, on peut exclure tout le mobilier présent seulement, tout le mobilier à venir seulement, une portion aliquote, comme un tiers, un quart du mobilier, enfin tel objet déterminé.

Clause par laquelle on déclare exclure le mobilier présent et futur.

Il ne faut pas prendre à la lettre la clause portant que tout le mobilier présent et futur sera exclu, car l'actif commun ne comprendrait plus rien.

Par le mot futur les époux n'ont entendu exclure évidemment que les biens acquis par succession, donation ou legs. La communauté modifiée par cette clause se compose des mêmes choses que celles qui tombent dans la communauté réduite aux acquêts.

Clause d'exclusion de tout le mobilier; des meubles acquis par succession ou par donation.
L'exclusion doit-elle être égale pour chaque époux ?

La clause par laquelle un époux a déclaré exclure de la communauté tout son mobilier ne s'entend que du mobilier présent. L'exclusion des meubles acquis par succession ne comprendrait pas les meubles acquis par donation et réciproquement.

L'un des époux peut exclure tout son mobilier, et l'autre ne rien exclure du tout.

La clause d'exclusion de communauté est tacite lorsque par exemple un époux déclare que son mobilier tombera dans la communauté pour un quart. La loi suppose que la même clause est en même temps exclusive de communauté quant aux trois quarts du mobilier. *Exclusion tacite.*

Il en est de même lorsque l'époux déclare que son mobilier présent tombera dans la communauté. Son mobilier à venir se trouve ainsi exclu implicitement.

Lorsqu'un époux a déclaré qu'il mettrait dans la communauté une somme d'argent, tout ce qui excède la somme promise est exclu de la communauté. *Apport d'une somme d'argent.*

Chaque époux est débiteur envers la communauté de l'apport stipulé et il est obligé d'en justifier (1501). *Obligation pour les époux de justifier de leur apport. Preuve.*

L'apport est suffisamment justifié, quant au mari, par la déclaration portée au contrat de mariage que son mobilier est de telle valeur. Il est suffisamment justifié, à l'égard de la femme, par la quittance que le mari lui donne, ou à ceux qui l'ont dotée (1502).

L'exclusion totale ou partielle du mobilier entraîne-t-elle implicitement, par voie de conséquence, l'exclusion des dettes mobilières dans la même proportion ? Par exemple : si les époux ont exclu tout leur mobilier présent, toutes leurs dettes présentes le sont-elles également ? *Par cela seul que le mobilier est exclu en tout ou en partie, les dettes le sont-elles dans la même proportion ?*

Nous pensons que l'exclusion de l'actif mobilier n'a pas pour conséquence nécessaire l'exclusion du passif mobilier, et que les époux n'ont entendu déroger au droit commun que quant à l'actif. Lorsque les époux stipulent qu'ils payeront séparément leurs dettes (1515), cette exclusion du passif n'entraîne pas nécessairement l'exclusion de l'actif correspondant; il n'y a donc pas corrélation nécessaire entre l'actif et le passif; l'un peut y tomber, quoique l'autre n'y tombe pas. En un mot, la clause de la communauté réduite aux acquêts exclut de la communauté l'actif et le passif; la clause d'exclusion du mobilier, l'actif seulement; clause de séparation de dettes, le passif seulement.

L'époux qui réclame un propre doit prouver que l'objet qu'il réclame provient d'une clause de propres, d'une succession, donation ou legs, puisque tout bien est réputé acquêt de communauté. Le mari doit faire la preuve par un inventaire ou tout autre acte équivalent. Quant à la femme, elle peut faire la preuve même par témoins ou commune renommée (1504). On voit que le mari agira toujours très-prudemment en faisant l'inventaire des biens composant les successions ouvertes pendant le mariage, soit à son profit, soit au profit de la femme. *Tout bien est réputé acquêt de communauté. Preuve à faire par celui des époux qui réclame un propre. Inventaire à faire des biens composant la succession ouverte pendant le mariage.*

Aux termes de l'art. 1503, chaque époux a le droit de reprendre et *Après la dissolution de* la communauté, chaque époux prélève tout ce qui excède son apport.

Suivre les règles de la communauté légale.

Les époux prélèvent-ils les objets en nature ou leur valeur?

La propriété des meubles exclus reste-t-elle à l'époux, ou passe-t-elle à la communauté, sauf récompense ?

Conséquences de l'affirmative.

de prélever, lors de la dissolution de la communauté, la valeur de ce dont le mobilier qu'il a apporté lors du mariage, ou qui lui est échu depuis, excédait sa mise en communauté.

Ainsi lorsque la communauté est dissoute, chaque époux a droit de prélever tout ce qui excède son apport, c'est-à-dire tout ce qui a été exclu expressément ou tacitement. On suit à cet égard les règles de la communauté légale : la femme exerce ses reprises avant celles du mari, et même sur les biens personnels de celui-ci, si les biens communs sont insuffisants.

Mais les époux prélèvent-ils les objets en nature ou leur valeur ? Cette question se rattache à celle-ci : La propriété des meubles exclus reste-t-elle à l'époux, ou passe-t-elle à la communauté, sauf récompense ?

L'art. 1503 fournit un argument qui paraît bien concluant en faveur de l'affirmative, car il autorise chaque époux à prélever, non pas les objets en nature, mais leur valeur. Et si la communauté devient propriétaire des meubles exclus et débitrice de leur valeur, il en résulte : 1° que le mari peut aliéner les biens qui sont échus même du chef de sa femme, et il agit non pas comme mandataire de celle-ci, mais comme mandataire de la communauté; 2° que les créanciers de la communauté peuvent les saisir; 3° et que tous les biens exclus sont aux risques et périls de la communauté.

Mais on convient généralement que l'art. 1503 ne doit pas être appliqué dans tous les cas, et qu'il y a lieu de l'appliquer :

1° Lorsque les meubles exclus sont fongibles. Ici la communauté en est devenue propriétaire comme usufruitière, car le quasi-usufruit emporte toujours l'acquisition des objets qui y sont soumis, sous l'obligation de restituer leur valeur (587-1851).

2° Lorsque l'exclusion porte sur des objets individuels non fongibles, qui ont été estimés, car l'estimation vaut vente à la communauté qui devient débitrice du prix.

3° Lorsqu'elle porte sur l'universalité des meubles, et que cette universalité a été estimée *in globo*, car l'estimation ici encore vaut vente.

4° Lorsque les époux ont promis une certaine somme, laquelle a été payée avec la masse des meubles estimés *in globo*. Ainsi, par exemple, l'un des époux a promis 10,000 francs ; son mobilier présent a été inventorié et estimé valoir 20,000 francs, les 10,000 francs excédant son apport sont alors exclus, et les meubles sont considérés comme cédés à la communauté, pour la payer de l'apport promis, et la communauté est débitrice de l'excédant.

Hors ces cas, l'époux reste propriétaire des objets exclus. Quand ils appartiennent à la femme, le mari ne peut les aliéner que dans les limites d'une sage administration, comme administrateur des biens personnels de la femme. Les créanciers de la communauté et du mari ne peuvent pas les saisir, et à la dissolution de la communauté, ils sont prélevés en nature.

Le mari administrateur des biens personnels de la femme. Ses droits et les droits des créanciers.

§ III. — LA CLAUSE D'AMEUBLISSEMENT.

L'ameublissement est la clause par laquelle les époux font entrer dans la communauté des immeubles qui seraient des propres sous le régime de la communauté purement légale (1505). On l'adopte pour rétablir entre les époux l'égalité qui se trouverait blessée lorsque la fortune de l'un est purement mobilière, tandis que celle de l'autre est purement immobilière. Dans ce cas, en effet, si les époux se marient sous le régime de la communauté légale, la fortune de l'un tombera tout entière dans la communauté, tandis que l'autre conservera la sienne en totalité. Par l'ameublissement l'égalité se trouve rétablie. Elle le serait encore si l'époux dont la fortune est mobilière l'excluait de la communauté, et si chaque époux conservait ses biens présents, mais il y aurait alors ce que nous appelons exclusion de communauté.

Ce que c'est que l'ameublissement.

L'ameublissement est déterminé ou indéterminé (1506). Le premier se subdivise en déterminé de la première espèce, et déterminé de la seconde espèce. Il y a donc trois cas d'ameublissement :

Trois cas d'ameublissement.

1° L'ameublissement déterminé de la première espèce. Il existe lorsqu'un immeuble ou plusieurs immeubles déterminés sont mis dans la communauté d'une manière absolue, c'est-à-dire sans restriction à une certaine somme, comme, par exemple, lorsqu'un époux déclare ameublir sa maison située dans tel endroit, ou les immeubles qu'il possède dans tel département.

Ameublissement déterminé de la première espèce.

2° L'ameublissement déterminé de la seconde espèce. Il a lieu lorsque tel immeuble ou plusieurs sont ameublis jusqu'à concurrence d'une certaine somme.

La loi n'a pas prévu le cas où l'époux, au lieu de déterminer la somme, a déclaré ameublir sa propriété jusqu'à concurrence d'un tiers ou d'un quart. Mais on décide qu'il y a là un ameublissement déterminé de la première espèce, car la communauté devient propriétaire

Ameublissement déterminé de la seconde espèce.

d'une portion de l'immeuble, et se trouve dans l'indivision avec l'époux auteur de l'ameublissement.

Ameublissement indéterminé. 3° L'ameublissement indéterminé. Il a lieu lorsque tous les immeubles, soit présents, soit futurs, ont été ameublis jusqu'à concurrence d'une certaine somme, comme, par exemple, lorsque l'un des époux déclare ameublir ses immeubles présents jusqu'à concurrence de 30,000 francs.

Les époux établiraient une communauté universelle si par une clause du contrat ils faisaient tomber dans la communauté tous leurs immeubles présents et à venir (1526).

Les effets de l'ameublissement. Dans le cas d'ameublissement déterminé de la première espèce, la communauté devient propriétaire de l'immeuble. De là il suit : 1° que l'immeuble est aux risques de la communauté et que par suite c'est pour elle qu'il périt ou qu'il s'améliore (1507); 2° le mari peut l'aliéner à titre onéreux et l'hypothéquer comme tout autre immeuble. Mais il ne pourrait pas en disposer comme d'un meuble et en faire l'objet d'une libéralité, car si l'immeuble ameubli tombe dans la communauté comme un meuble, une fois qu'il y est entré, il y conserve la qualité d'immeuble; 3° l'art. 1509 permet à l'époux qui a ameubli l'immeuble (et à ses héritiers) de le retenir, s'il le préfère, lors de la dissolution de la communauté en le précomptant sur sa part eu égard à sa valeur actuelle, car il a été jusque-là aux risques de la communauté.

Dans le cas d'ameublissement déterminé de la deuxième espèce, la communauté acquiert une créance pour le montant de la somme promise ayant uniquement pour gage l'immeuble ameubli. De là il suit que, si l'immeuble périt, l'époux n'est pas obligé de payer la somme qui alors se trouve perdue pour la communauté. Ainsi, l'immeuble répond seul de l'acquittement de l'obligation.

La femme reste propriétaire de son immeuble; le mari ne peut pas l'aliéner sans son autorisation, mais il peut seul l'hypothéquer jusqu'à concurrence de la somme promise (1507).

Dans le cas d'ameublissement indéterminé, lorsque, par exemple, l'un des époux a ameubli ses immeubles présents jusqu'à concurrence de telle somme, les effets sont les mêmes que pour l'ameublissement déterminé de la seconde espèce, mais la créance a un gage plus étendu, puisqu'elle repose sur une universalité d'immeubles (1508).

Différences entre la clause par laquelle un époux promet Il existe des différences sensibles entre la clause par laquelle un époux promet 20,000 francs à la la communauté, et celle par laquelle il déclare ameublir un ou plusieurs immeubles, jusqu'à concurrence de 20,000 francs. Dans le premier cas, l'époux a, par voie de conséquence, exclu de la communauté son mobilier pour tout ce qui excède la somme promise, c'est l'hypothèse de l'exclusion tacite de communauté (art. 1500). Dans le second cas, tous les meubles de l'époux, auteur de l'ameublissement, tombent dans la communauté, et, en outre, une somme à prendre sur un ou plusieurs de ses immeubles.

20,000 fr. à la communauté, et celle par laquelle il déclare ameublir un ou plusieurs immeubles jusqu'à concurrence de 20,000 f.

§ IV. — LA CLAUSE DE SÉPARATION DES DETTES.

Il existe sous cette rubrique trois clauses différentes, toutes restrictives au point de vue passif :

1° La clause de la séparation des dettes (1510).

2° La clause d'apport d'une certaine somme ou d'un corps certain emportant tacitement la convention que cet apport n'est pas grevé de dettes antérieures au mariage (1511).

3° La clause de franc et quitte (1513).

Lorsqu'un époux ne possède rien ou presque rien et qu'il a des dettes, et que l'autre époux a une fortune mobilière d'une certaine importance, sans aucune dette, s'ils se mariaient sous le régime de la communauté purement légale, l'égalité serait blessée, puisque l'un des époux apporterait un avoir net, tandis que l'autre ne ferait en réalité aucun apport. Pour empêcher ce résultat injuste, la loi permet aux époux de stipuler, tout en laissant tomber dans la communauté leur mobilier présent et à venir, que la communauté ne sera pas chargée de leurs dettes ou de celles de l'un d'eux.

La clause par laquelle on exclut ses dettes ne comprend que les dettes présentes et non les dettes futures (1497-4°).

La clause par laquelle on exclut les dettes présentes.

Entre époux l'effet de la clause de séparation des dettes est bien simple : il consiste à faire considérer toutes les dettes antérieures au mariage comme celles qui ne tombent dans la communauté légale qu'à la charge de récompense. Si c'est la communauté qui paye, récompense lui est due pour le principal seulement, car les intérêts échus pendant la communauté doivent rester à sa charge, puisqu'elle a la jouissance de tous les propres des époux, et cela même alors qu'il n'existe pas d'inventaire des meubles apportés dans la communauté par les époux.

Effet entre époux de la clause de séparation des dettes.

A l'égard des créanciers il faut distinguer : la clause pourra être opposée aux créanciers de la femme si le mobilier présent et futur tombé de son chef dans la communauté a été constaté par un inven-

Effet de la clause à l'égard des créanciers.

taire ou un état authentique. Dans ce cas, les créanciers ne peuvent poursuivre la communauté que jusqu'à concurrence de l'apport de la femme. Mais, à défaut d'inventaire ou d'acte authentique, les créanciers de la femme peuvent agir comme si la clause de séparation des dettes n'existait pas, et dès lors poursuivre le payement de ce qui leur est dû, même sur les propres du mari. Celui-ci ne doit pas se plaindre, car il a rendu impossible par sa négligence la distinction des biens tombés du chef de sa femme dans la communauté, des autres biens qui la composent ; et, d'un autre côté, il est raisonnable de supposer que si le mari n'a pas fait constater l'apport de sa femme, c'est qu'il a reconnu que cet apport était supérieur au passif.

Que faut-il décider à l'égard des créanciers du mari ? Nous pensons que, durant la communauté, la clause de séparation des dettes reste sans effet à leur égard. Le mari pouvant disposer comme bon lui semble de l'actif mobilier de la communauté peut l'employer à l'acquittement de ses dettes personnelles, et s'il a ce droit, ses créanciers l'ont également en vertu du principe de l'art. 1166. Mais après la dissolution de la communauté les créanciers du mari ne peuvent pas se faire payer sur la moitié revenant à la femme dans les biens communs.

Séparation des dettes résultant d'une clause d'apport. La séparation des dettes résultant d'une clause d'apport existe lorsque l'un des époux promet à la communauté telle somme ou tel corps certain ; la communauté doit recevoir l'apport promis sans aucune déduction. Par suite, si une dette de l'époux débiteur de l'apport a été payée des deniers communs il devra récompense du capital à la communauté qui a fait l'avance (1511).

La clause de franc et quitte. La clause de franc et quitte se présente sous deux faces différentes : 1° un époux peut déclarer lui-même dans son contrat qu'il n'a pas de dettes antérieures au mariage. Cette clause produit les mêmes effets que la séparation des dettes, sauf deux différences: Lorsqu'il y a séparation des dettes la communauté qui les paye n'a droit à récompense que pour le capital ; ici, au contraire, la communauté, qui paye la dette de l'époux déclaré franc et quitte, a droit à récompense, non seulement pour le capital, mais encore pour les intérêts, car la communauté avait droit, sans aucune réduction, à la fortune mobilière de l'époux et à la jouissance de ses propres. La clause de séparation des dettes est opposable aux créanciers lorsqu'il existe un inventaire du mobilier, tandis que la clause de franc et quitte est absolument sans effet à leur égard et ils peuvent poursuivre la communauté sur tous ses biens, même alors qu'il existe un inventaire du mobilier apporté par l'époux débiteur, car l'art. 1513 ne dit pas, comme l'art. 1510, que la communauté ne sera tenue envers les créanciers de l'époux déclaré franc et quitte, que jusqu'à concurrence du mobilier qu'il lui a apporté. D'où il suit qu'il serait utile de joindre à cette clause, la clause expresse de séparation de dettes.

2o Un tiers, parent ou non, déclare que tel époux n'a pas de dettes antérieures au mariage.

Il n'y a de différence entre cette clause et celle qui émane de l'époux lui-même qu'au point de vue du recours accordé à l'époux qui souffre de la déclaration.

Dans le premier cas, l'époux qui a fait la fausse déclaration est seul tenu d'indemniser son conjoint, mais l'indemnité ne peut être réclamée pendant la communauté même sur la nue propriété des biens de l'époux débiteur. Pour conserver la paix du ménage elle ne peut être réclamée qu'à la dissolution de la communauté, sur la part de l'époux débiteur et sur ses biens personnels.

Dans le deuxième cas, c'est-à-dire lorsque la déclaration est faite par un tiers, l'époux à qui l'indemnité est due a deux débiteurs : 1o l'époux déclaré franc et quitte, car il a tacitement adhéré à la déclaration ; 2o le tiers qui l'a faite. Lorsque c'est la femme qui a été déclarée franche et quitte par un tiers, le mari peut agir contre ce dernier pendant la communauté. Si le tiers paye, il a son recours contre la femme qu'il a libérée, mais il ne peut l'exercer qu'après la dissolution de la communauté. Il ne peut pas, comme un créancier ordinaire, agir sur la nue propriété des propres de la femme pendant la communauté.

§ V. — LA FACULTÉ ACCORDÉE A LA FEMME DE REPRENDRE SON APPORT FRANC ET QUITTE.

Sous le régime de la communauté purement légale la femme peut s'affranchir du payement des dettes et les laisser exclusivement à la charge du mari en perdant son apport par une renonciation à la communauté. La position de la femme est celle d'un associé commanditaire ou simple bailleur de fonds, qui court la chance de gagner des bénéfices, sans être exposé à perdre au-delà de sa mise. C'est là une bien grande faveur, mais la loi va plus loin : elle lui permet d'acquérir une position plus favorable encore, en l'autorisant à stipuler dans son contrat de mariage qu'elle pourra, en cas de renonciation à la communauté, reprendre son apport et laisser les dettes au compte de son mari. C'est ce qui résulte de l'art. 1514 lequel est ainsi conçu :

« La femme peut stipuler qu'en cas de renonciation à la commu-

» nauté, elle reprendra tout ou partie de ce qu'elle y aura apporté, soit
» lors du mariage, soit depuis ; mais cette stipulation ne peut s'éten-
» dre au-delà des choses formellement exprimées, ni au profit de per-
» sonnes autres que celles désignées. Ainsi la faculté de reprendre
» le mobilier que la femme a apporté lors du mariage, ne s'étend point à
» celui qui serait échu pendant le mariage. Ainsi la faculté accordée à
» la femme ne s'étend point aux enfants ; celle accordée à la femme et
» aux enfants ne s'étend point aux héritiers ascendants ou collatéraux.
» Dans tous les cas les apports ne peuvent être repris que déduction
» faite des dettes personnelles à la femme, et que la communauté
» aurait acquittées. »

La femme reprend-elle son apport en nature ou en valeur ?

L'apport de la femme étant tombé dans la communauté est repris par elle en valeur et non en nature, car le mari a pu en disposer. La femme est donc simplement créancière de la communauté. Elle doit concourir avec les autres créanciers au marc le franc, sauf l'effet de son hypothèque légale sur les biens du mari.

§ VI. — LE PRÉCIPUT CONVENTIONNEL.

Ce que c'est que le préciput.

La clause du préciput est celle par laquelle les futurs époux conviennent que la femme ou le mari prendra sur la masse partageable, avant partage, soit une certaine somme, soit une certaine quantité d'objets en nature, soit même tel corps certain (1515.) C'est une modification au principe d'égalité qui doit exister entre époux pour le partage des biens communs.

Cet avantage peut être stipulé pour la femme, si elle survit, ou pour le mari s'il survit, ou pour celui des époux qui survivra.

Dans la pratique, c'est presque toujours au profit de la femme qu'il est stipulé.

Si l'époux préciputaire prédécède, la clause reste sans effet à moins que le préciput n'ait été stipulé aussi pour les héritiers.

Sur quels biens le préciput se prélève.

Le préciput se prélève sur les biens composant la masse partageable. Il peut devenir caduc pour le tout ou pour partie si l'actif se trouve absorbé en tout ou en partie par les dettes. De là il suit que la femme ne peut, en cas d'insuffisance de la masse commune, l'exercer sur les biens personnels du mari ; et comme il n'y a pas de masse à partager quand elle renonce à la communauté, son droit s'éteint forcément par la renonciation. A moins de stipuler par une clause expresse, comme la loi le permet, que la femme aura droit au préciput, même en renonçant à la communauté. C'est alors une créance improprement appelée préciput, dont le payement peut être poursuivi sur les biens personnels du mari.

L'avantage résultant du préciput n'est point considéré comme une libéralité sujette aux formes des donations, mais comme une convention de mariage (1516).

Mais au fond le préciput doit être considéré comme une libéralité susceptible de réduction de la part des héritiers réservataires lorsque la quotité disponible est dépassée. Si le préciput ne devait être considéré que comme une pure convention matrimoniale et non comme une donation, l'action en réduction n'appartiendrait qu'aux enfants du premier lit.

Le préciput doit-il être considéré comme une donation ?

Le préciput stipulé sous la condition que l'époux préciputaire survivra à l'autre, s'ouvre lorsqu'il est certain que la condition est réalisée (1517). Les présomptions légales admises en matière de succession par les art. 720-722 ne sont pas applicables au préciput.

Ouverture du préciput.

La condition n'est pas accomplie lorsque la communauté est dissoute par la séparation de corps ou de biens (1518)

L'époux contre lequel la séparation de corps est prononcée perd son droit au préciput et celui qui obtient la séparation le conserve, sous la condition qu'il survivra à son conjoint (1518).

La séparation de corps ou de biens ne donne pas ouverture au préciput.

Après la séparation de corps prononcée au profit de l'époux préciputaire, la communauté est liquidée provisoirement comme s'il n'y avait pas de préciput stipulé. Mais la femme préciputaire est autorisée à demander au mari une caution pour la sûreté de son préciput que ce dernier retient provisoirement, pour moitié lorsque la femme accepte la communauté, et pour le tout lorsqu'elle y renonce (1518).

Lorsque le mari est préciputaire et lorsque la séparation de corps est prononcée à son profit, nous pensons qu'en présence du silence de la loi, il n'est pas fondé à exiger de sa femme, au cas où elle accepte la communauté, une caution pour la moitié du préciput qu'elle retient provisoirement dans son lot.

La clause de préciput n'est pas opposable aux créanciers de la communauté qui peuvent se faire payer sur tous les biens qui composent la masse (1519).

La clause de préciput n'est pas opposable aux créanciers de la communauté.

§ VII.— LES CLAUSES PAR LESQUELLES ON ASSIGNE A CHACUN DES ÉPOUX DES PARTS INÉGALES DANS LA COMMUNAUTÉ.

Chaque époux doit prendre une part égale dans la communauté, sans avoir égard aux apports. Mais ce principe d'égalité peut être modifié de trois manières différentes, savoir :

Les époux peuvent stipuler que l'un d'eux prendra une part plus forte ou moindre que la moitié.

1° Les époux peuvent stipuler que l'un d'eux prendra une part plus forte ou moindre que la moitié (1520-1521).

Exemple : le mari, s'il survit, aura droit aux deux tiers de la communauté; le mari, s'il prédécède, n'aura droit qu'à un tiers.

La même clause peut être stipulée pour ou contre la femme, si elle survit, ou : pour ou contre la femme et ses héritiers.

La clause peut être stipulée pour ou contre celui des époux qui survivra.

Exemple : l'époux survivant prendra les deux tiers, ou : l'époux survivant ne prendra qu'un tiers.

L'époux en faveur duquel la stipulation a été faite doit supporter dans le passif une part égale à celle qu'il prend dans l'actif.

Si la clause portait que tel époux prendra les trois quarts de l'actif et ne supportera que la moitié ou un quart du passif, elle serait nulle, parce que l'époux doit supporter dans le passif une part égale à celle qu'il prend dans l'actif (1521). En pareil cas le droit commun reprend son empire.

Les époux peuvent stipuler que l'un d'eux n'aura à prétendre qu'à une certaine somme pour tous droits de communauté.

2° Les époux peuvent stipuler que l'un d'eux n'aura à prétendre qu'à une certaine somme pour tous droits de la communauté (1252).

Cette stipulation peut se présenter sous des aspects différents.

Exemples :

§ 1er. — Le mari, s'il survit, gardera toute la communauté, et payera 30,000 fr. aux héritiers de la femme.

Si le mari prédécède, on reste dans le droit commun et le partage se fait par moitié, mais s'il survit, la clause reçoit son effet que la communauté soit bonne ou mauvaise : c'est un forfait (1522).

On peut donner le choix au mari et dire, par exemple, que s'il survit il aura le droit de garder la communauté, sous l'obligation de payer tant aux héritiers de sa femme, ou de partager.

§ 2. — La femme, si elle survit, prendra la communauté entière, et payera 30,000 francs aux héritiers du mari.

Cette clause diffère de la première en ce sens qu'elle n'est pas un forfait contre la femme. Cela s'explique par la raison que quelle que soit la convention des parties, la femme peut toujours renoncer à la communauté (1453). Si donc la communauté est bonne, la femme la gardera et elle payera aux héritiers du mari la somme convenue, mais si elle est mauvaise, la femme l'abandonnera aux héritiers du mari en y renonçant.

§ 3. — Celui des deux époux qui survivra prendra la communauté entière et payera tant aux héritiers du prédécédé.

§ 4. — La communauté entière restera au mari ou à ses héritiers, sauf à payer tant à sa femme ou à ses héritiers.

3º Enfin les époux peuvent stipuler que la communauté appartiendra en totalité à l'un d'entre eux.

Cette clause est prévue par l'art. 1525 qui est ainsi conçu :

« Il est permis aux époux de stipuler que la totalité de la commu-
» nauté appartiendra au survivant ou à l'un d'eux seulement, sauf aux
» héritiers de l'autre à faire la reprise des apports et capitaux tombés
» dans la communauté, du chef de leur auteur. Cette stipulation n'est
» point réputée un avantage sujet aux règles relatives aux donations,
» soit quant au fond, soit quant à la forme, mais simplement une
» convention de mariage et entre associés. »

Nous répétons que la stipulation faite au profit de la femme est bien obligatoire pour elle, mais non contre elle, car si la communauté est insolvable la femme peut y renoncer (1453).

Si la clause portait que la communauté appartiendra à tel époux survivant ou non, c'est-à-dire à tel époux ou à ses héritiers, ce ne serait plus une modification à la communauté légale, mais un régime exclusif de communauté. Aussi l'art. 1525 suppose-t-il toujours que la clause a été stipulée au profit de tel époux s'il survit, ou de celui des époux qui survivra.

Les époux peuvent stipuler que la communauté appartiendra en totalité à l'un d'entre eux.

§ VIII. — LA COMMUNAUTÉ A TITRE UNIVERSEL ET LES DISPOSITIONS COMMUNES AUX HUIT PARAGRAPHES DU PRÉSENT CHAPITRE.

I.

Par leur contrat de mariage les futurs conjoints peuvent mettre en commun, en outre des biens mobiliers qui tombent dans la communauté légale, soit tous leurs immeubles présents et à venir, soit tous leurs immeubles présents, soit tous leurs immeubles à venir. C'est ce qu'on appelle la communauté universelle (1526).

Les époux peuvent établir une communauté universelle.

Sous ce régime les époux peuvent encore avoir des biens propres et des dettes personnelles. Ainsi, par exemple, les biens qui leur sont donnés ou légués sous la condition qu'ils ne tomberont pas dans la communauté leur restent propres comme sous le régime de la communauté légale; les dettes relatives à ces mêmes biens sont également personnelles.

Peuvent-ils avoir sous ce régime des biens propres et des dettes personnelles ?

II.

Les dispositions suivantes sont communes aux huit premiers paragraphes du présent chapitre.

Ce qui est dit aux paragraphes ci-dessus, ne limite pas à leurs dispositions précises les stipulations dont est susceptible la communauté

Dispositions communes aux huit paragraphes ci-dessus.

5

conventionnelle. Les époux peuvent faire toutes autres conventions, ainsi qu'il est dit à l'art. 1387, et sauf les modifications portées par les art. 1388, 1389 et 1390. Néanmoins, dans le cas où il y aurait des enfants d'un précédent mariage, toute convention qui tendrait dans ses effets à donner à l'un des époux au-delà de la portion réglée par l'art. 1098, au titre des donations entre-vifs et des testaments, sera sans effet pour tout l'excédant de cette portion ; mais les simples bénéfices résultant des travaux communs et des économies faites sur les revenus respectifs, quoiqu'inégaux, des deux époux, ne sont pas considérés comme un avantage fait au préjudice des enfants du premier lit (1527).

Voir ce que nous avons dit sous le § 10 du chapitre 1er.

La communauté conventionnelle est soumise aux règles de la communauté légale pour les cas non prévus par le contrat. La communauté conventionnelle reste soumise aux règles de la communauté légale, pour tous les cas auxquels il n'y a pas été dérogé implicitement ou explicitement par le contrat (1528).

§ IX. — LES CONVENTIONS EXCLUSIVES DE LA COMMUNAUTÉ.

Nous avons à examiner sous cette section deux régimes particuliers qui se séparent l'un de l'autre par des différences essentielles, mais qui ont un effet commun : celui d'exclure la communauté.

I. — LA CLAUSE PORTANT QUE LES ÉPOUX SE MARIENT SANS COMMUNAUTÉ.

Le régime sans communauté. L'administration des biens de la femme. Les revenus, les charges, etc. Sous ce régime il ne s'établit entre les époux aucune société de biens ; leurs dettes sont séparées, et chacun reste propriétaire de tous ses biens présents et à venir. Mais les revenus de la femme appartiennent au mari, ainsi que les acquisitions faites avec les économies réalisées sur eux, et en sa qualité d'usufruitier universel il supporte tout ce qui est charge naturelle des fruits, par exemple, les intérêts des dettes, les réparations d'entretien. Il est chargé aussi de pourvoir aux besoins du ménage, à l'entretien de sa femme et de ses enfants et à l'éducation de ces derniers (1530 à 1535).

Le trésor trouvé par la femme. Les produits du travail et de l'industrie de la femme. La femme acquiert la propriété du trésor qu'elle trouve, le mari n'en a que l'usufruit, car il n'a droit qu'aux fruits naturels et civils provenant des biens de la femme, mais les produits de son travail ou de son industrie lui appartiennent. Lorsque dans ses moments de loisir la femme fait un tableau ou une œuvre d'art, elle en reste propriétaire et le mari n'en a que l'usufruit. Si la femme engage ses ca-

pitaux dans des opérations commerciales qui lui procurent des béné- Les bénéfices prove-
nant d'opérations
commerciales faites
par la femme.
fices, ces bénéfices n'étant pas des fruits, elle en reste propriétaire et
le mari n'en a que l'usufruit.

La femme peut être autorisée par le contrat à toucher annuellement Autorisation donnée à
la femme de toucher
une portion de ses
revenus.
sur ses seules quittances une certaine portion de ses revenus (1534).

Elle peut aliéner ses immeubles dotaux, mais avec l'autorisation de Aliénation des immeu-
bles dotaux.
son mari. Elle ne pourrait aliéner que la nue propriété seulement
avec l'autorisation de justice (1535).

Lorsque le mariage est dissous ou que les époux sont séparés de La restitution des biens
de la femme se fait
en nature ou en
valeur.
corps ou de biens, le mari doit restituer en nature les biens dont la
femme est restée propriétaire, et en valeur quant aux biens dont il
est devenu propriétaire en qualité d'usufruitier, car en cette qualité
le mari acquiert la propriété de toutes les choses fongibles, sous
l'obligation de restituer, soit leur valeur en argent, s'il existe un état
estimatif de ces choses, soit, à défaut de cet état, des objets de même
quantité, qualité et valeur (1531 et 1532).

A l'égard des corps certains, si le mari en a fait dresser inventaire,
et si l'inventaire est tout à la fois descriptif et estimatif, l'estimation
vaut vente au profit du mari, qui, par conséquent, devient propriétaire,
sous l'obligation de payer le prix. Si l'inventaire est simplement descriptif, la femme reste propriétaire, et le mari doit alors restituer les
objets en nature, dans l'état où ils se trouvent, pourvu qu'ils ne
soient pas détériorés par sa faute (1532).

Le régime sans communauté fait naître souvent bien des difficultés
parce que les règles que le Code donne sur ce régime sont peu nom-
breuses. Il faut les résoudre en empruntant les règles de la communauté qui forme le droit commun, et non celles du régime dotal qui
est l'exception.

II. — LA CLAUSE DE SÉPARATION DE BIENS.

Les règles de ce régime sont clairement énoncées dans le Code.
Nous nous bornons à reproduire le texte que nous ferons suivre cependant de quelques observations.

Lorsque les époux ont stipulé par leur contrat de mariage qu'ils se- La femme conserve
l'administration de
ses biens et la jouis-
sance des ses re-
venus.
raient séparés de biens, la femme conserve l'entière administration
de ses biens, meubles et immeubles, et la jouissance libre de ses revenus (1536).

Chacun des époux contribue aux charges du mariage, suivant Les charges du ma-
riage.
les conventions contenues en leur contrat ; et, s'il n'en existe

point à cet égard, la femme contribue à ces charges jusqu'à concurrence du tiers de ses revenus (1537).

Aliénation des biens de la femme.

Dans aucun cas, ni à la faveur d'aucune stipulation, la femme ne peut aliéner ses immeubles sans le consentement spécial de son mari, ou, à son refus, sans être autorisée par justice. Toute autorisation générale d'aliéner les immeubles donnée à la femme soit par contrat de mariage, soit depuis, est nulle (1538).

Obligation du mari lorsque la femme séparée lui a laissé la jouissance de ses biens.

Lorsque la femme séparée a laissé la jouissance de ses biens à son mari, celui-ci n'est tenu, soit sur la demande que sa femme pourrait lui faire, soit à la dissolution du mariage, qu'à la représentation des fruits existants, et il n'est point comptable de ceux qui ont été consommés jusqu'alors (1539).

Différences entre la séparation de biens conventionnelle et la séparation de biens judiciaire.

Il existe deux différences entre les règles de la séparation de biens dite conventionnelle, et celle de la séparation de biens dite judiciaire :

1° Sous le régime de la séparation conventionnelle les charges du mariage sont supportées par les époux dans la proportion indiquée au contrat et à défaut de ce règlement, pour un tiers par la femme, pour les deux tiers par le mari (1537.) Sous le régime de la séparation judiciaire elles sont supportées par chacun proportionnellement à ses facultés et à celles de son conjoint (1448);

2° La première est irrévocable (1393); la seconde, au contraire, est révocable, car les époux séparés judiciairement ont la faculté de rétablir la communauté que le jugement avait fait cesser (1451).

La femme mariée sous le régime de la séparation de biens, peut demander une séparation judiciaire. —Son intérêt.

La femme mariée sous le régime de la séparation de biens peut, comme la femme commune et celle qui est mariée sous le régime sans communauté, demander une séparation de biens judiciaire. Il est vrai qu'elle a l'administration et la jouissance de ses revenus, mais comme elle est obligée de verser entre les mains de son mari les fonds qu'elle doit pour sa contribution aux charges du ménage, le mari, s'il est dissipé, peut les employer à ses plaisirs. On comprend que dans ce cas la femme a intérêt à s'adresser à la justice pour obtenir par une séparation judiciaire l'autorisation de faire elle-même l'emploi de ses fonds.

Pour connaître la forme et les effets de la séparation de biens judiciaire se reporter au chapitre premier, § 8, n° 2.

CHAPITRE III.

DU RÉGIME DOTAL.

---

§ I. — CE QUE C'EST QUE LE RÉGIME DOTAL ET QUELS BIENS
SONT DOTAUX.

Le régime dotal est celui dans lequel la dot est régie par des règles particulières ayant principalement pour but d'en assurer la conservation et la restitution. *Définition du régime dotal.*

Ce régime doit être stipulé formellement (1387, 1392 et 1393). Il peut être modifié par des stipulations (1387) *Stipulation expresse. —Modification.*

Lorsque les époux adoptent le régime dotal d'une manière générale, ils se trouvent soumis aux dispositions des art. 1540 et suivants (1391). *Adoption du régime d'une manière générale.*

La constitution de dot est un contrat synallagmatique, à titre onéreux, par lequel la future donne l'administration et la jouissance de tout ou partie de ses biens, pendant le mariage seulement, au futur qui s'oblige de son côté à en supporter toutes les charges. *Le mari a l'administration et la jouissance des biens dotaux. Il supporte les charges.*

De ce que c'est un contrat à titre onéreux il en résulte: que les profits que le mari retire de la jouissance des biens dotaux ne constituent point un avantage soumis à réduction, même à l'égard des enfants que la femme a eus d'un précédent mariage; que si la dot consiste en argent, la femme qui a pris terme pour la payer en doit de plein droit les intérêts du jour de la célébration du mariage; et que si le mari est évincé de l'objet dont la jouissance lui a été promise, recours en garantie lui est accordé contre sa femme.

Lorsque la dot au lieu d'être constituée par la femme avec ses propres biens, est constituée par un tiers, c'est alors un contrat *sui generis*, qui tient tout à la fois des contrats à titre onéreux et des contrats à titre gratuit. En cas d'éviction la femme a droit à garantie, les inté- *La dot constituée par un tiers.*

rêts courent de plein droit du jour de la célébration de mariage, et la dot peut être révoquée contre la femme lorsqu'elle a été constituée en fraude des droits des créanciers du constituant (1167). Mais alors le mari ne souffrira de la révocation qu'autant qu'il se sera rendu complice de la fraude, car l'art. 1167 n'est pas applicable aux tiers sous-acqué-reurs de bonne foi. De ce que le constituant fait une libéralité, il en résulte que la dot est réductible, quand elle dépasse la quotité disponible ; rapportable, quand la femme succède au constituant ; révocable pour cause de survenance d'enfants, quand le constituant n'en avait pas au moment de la constitution ; et nulle quand elle est constituée au profit d'une femme incapable de recevoir du constituant à titre gratuit.

Les cas de révocation.

Dans tous ces cas de révocation le droit de jouissance du mari s'éteint également, il peut exercer un recours contre sa femme et même contre le constituant, en faisant valoir les droits de celle-ci conformément à l'art. 1166.

Par la révocation le droit de jouissance du mari s'éteint.

Les biens dotaux sont ceux que la femme se constitue en dot. Ils peuvent être limités aux biens présents ou comprendre aussi tout ou partie des biens à venir (1542). Les mots constitution de dot ne sont pas sacramentels. Il suffit que l'intention de la femme soit clairement exprimée, comme lorsqu'elle dit, par exemple : Je déclare me marier sous le régime dotal, et j'apporte à mon mari mes biens présents, ou encore : Je me marie sous le régime dotal, mes biens à venir seront paraphernaux. Par cette réserve des biens à venir la femme montre suffisamment son intention de constituer en dot ses biens présents.

Quels biens sont dotaux.

Les biens donnés à la femme par le contrat de mariage sont nécessairement dotaux, puisque la donation est faite dans le but de faciliter l'union, sauf cependant stipulation contraire, mais alors la volonté doit être formellement exprimée.

Biens donnés à la femme en vue du mariage.

Sous ce régime les biens de la femme sont donc ou dotaux ou paraphernaux. Ces derniers comprennent les biens dont la femme conserve tout à la fois la propriété et la jouissance.

Les biens paraphernaux.

Les époux sont en réalité mariés sous le régime de la séparation de biens, lorsque, ayant déclaré adopter le régime dotal, la femme n'a rien eu en dot et qu'aucune donation ne lui a été faite par le contrat. Dans ce cas tous les biens de la femme sont paraphernaux et ils sont régis de la même manière que les biens de la femme séparée de biens (1575-1580).

Ce que c'est que le régime dotal lorsque la femme ne possède rien.

Sous le régime dotal la paraphernalité est la règle, la dotalité l'exception. Tous les biens de la femme sont paraphernaux, sauf stipulation contraire.

Sous le régime dotal les biens de la femme sont paraphernaux, sauf stipulation contraire.

L'immeuble acquis des deniers dotaux n'est pas dotal, si la condition de l'emploi n'a été stipulée par le contrat de mariage. Il en est de même de l'immeuble donné en payement de la dot constituée en argent (1553).

La dot ne peut être constituée ni même augmentée pendant le mariage (1394, 1395 et 1543).

§ II. — LA CONSTITUTION DE DOT ET LE RAPPORT DE LA DOT.

I

La dot constituée par les père et mère conjointement sans distinction de part est censée constituée par portions égales. Si la dot est constituée par le père seul, pour droits paternels et maternels, la mère, quoique présente au contrat, n'est point engagée, et la dot demeure en entier à la charge du père (1544).

Lorsque le survivant des père et mère constitue une dot pour biens paternels et maternels, sans spécifier les portions, la dot se prend d'abord sur les droits du futur époux, dans les biens du conjoint prédécédé, et le surplus sur les biens du constituant (1545).

Quoique la fille dotée par ses père et mère ait des biens à elle propres, dont ils jouissent, la dot doit être prise sur les biens des constituants s'il n'y a stipulation contraire (1546).

Nous rappelons : 1o que ceux qui constituent une dot sont tenus à la garantie des objets constitués (1547); 2o et que les intérêts de la dot courent de plein droit du jour du mariage, contre ceux qui l'ont promise, malgré le terme, s'il n'y a stipulation contraire (1548).

II

Suivant les principes généraux en matière de rapport le donataire héritier du donateur est tenu de rapporter à la succession de ce dernier tout ce qui a fait l'objet de la donation, et le rapport se fait soit en nature, soit en valeur ou en moins prenant selon que la donation a eu pour objet un immeuble ou une chose mobilière. Ces principes s'appliquent en général à la dot qu'a reçue la femme. Si la dot est mobilière, que les objets donnés aient péri ou non, la femme qui succède au constituant est tenue de rapporter la valeur qu'avait sa dot au moment du mariage. Si elle est immobilière, la femme est libérée de l'obligation de rapporter lorsque l'immeuble a péri par cas fortuit. Mais s'il périt soit par sa faute, soit par celle de son mari qui est son ayant cause, elle doit le rapport de la valeur qu'aurait eue l'immeuble au jour de l'ouverture de la succession, s'il n'eût pas péri en tout ou en partie. Lorsque l'immeuble existe au moment de l'ouverture de la succession, le rapport se fait en nature et dans l'état où l'immeuble se trouve à cette époque sauf à indemniser la femme des dépenses utiles qu'elle a faites, ou à la charge par elle d'indemniser la succession des détériorations provenant de son fait ou du fait de son mari. Ainsi les immeubles constitués en dot sont aux risques de la succession, les meubles aux risques du donataire, c'est-à-dire de la femme.

Dérogation résultant de l'art. 1573 lorsque le mari est insolvable au moment de la constitution de dot. Mais l'art. 1573 déroge à ces principes dans le cas particulier que voici : si le mari était déjà insolvable, et n'avait ni art, ni profession, lorsque le père a constitué une dot à sa fille, celle-ci ne sera tenue de rapporter à la succession du père, que l'action qu'elle a contre celle de son mari, pour s'en faire rembourser. Mais si le mari n'est devenu insolvable que depuis le mariage, ou s'il avait un métier ou une profession qui lui tenait lieu de bien, la perte de la dot tombe uniquement sur la femme.

Ainsi dans ce cas d'insolvabilité la dot soit mobilière soit immobilière est aux risques et périls de la succession du constituant.

La question de savoir si l'art. 1573 est applicable à la femme mariée soit sous le régime de la communauté, soit sous le régime sans communauté, est contestée.

§ III. — DROITS ET OBLIGATIONS DU MARI. ALIÉNATION. HYPOTHÈQUE. PRESCRIPTION. SÉPARATION DE BIENS.

I.

La femme conserve la propriété des biens dotaux. La femme conserve la propriété des biens qu'elle s'est constitués en dot ou qui lui ont été donnés dans le contrat de mariage ; mais par exception, le mari acquiert la propriété :

Biens dotaux dont par exception le mari devient propriétaire et débiteur du prix. 1° De toutes les choses dotales qui sont fongibles. Il en est usufruitier, et le quasi-usufruit de ces choses consiste dans le droit de propriété, sous l'obligation de restituer le prix d'estimation, si l'estimation en a été faite, ou des choses semblables (589).

2° Des meubles, corps certains qui ont été livrés au mari sur estimation, car cette estimation vaut vente. Le mari peut alors en disposer comme bon lui semble. Mais les parties peuvent convenir par le contrat que l'estimation ne vaudra pas vente (1551).

3° Des immeubles livrés au mari sur estimation, avec déclaration que l'estimation vaut vente. Sans une déclaration formelle à cet égard, la femme reste propriétaire des immeubles (1552).

4° De l'immeuble que le mari acquiert pendant le mariage avec l'argent que la femme lui a livré en dot. Cet immeuble n'est pas dotal. Puisque le mari, comme usufruitier, devient propriétaire des écus apportés en dot par la femme, il peut en faire tel emploi que bon lui semble. Mais il en serait différemment si la condition d'emploi avait été prévue par le contrat de mariage, avec stipulation que l'immeuble deviendrait dotal (1553).

5° De l'immeuble qui lui est livré en payement d'une dot constituée en argent. L'immeuble remplace alors la somme d'argent promise en dot.

Lorsque la propriété passe au mari, la femme n'a plus qu'un droit de créance, d'où il suit : que le mari peut aliéner les biens dont il est devenu propriétaire, ou les perdre par prescription ; que ses créanciers peuvent les saisir ; qu'ils sont à ses risques et périls ; qu'il jouit, quand vient la dissolution du mariage, du délai d'un an pour payer la somme dont il est débiteur (1565). *Lorsque la propriété des choses dotales passe au mari, la femme n'a plus qu'un droit de créance. Conséquences.*

Au contraire, les biens dotaux immobiliers dont la femme conserve la propriété sont inaliénables et imprescriptibles ; s'ils sont mobiliers le droit de les aliéner appartient, non pas au mari, mais à la femme. Les créanciers du mari ne peuvent les saisir. C'est pour la femme qu'ils périssent ou s'améliorent. Et quand vient l'obligation de les restituer, la restitution doit s'en faire immédiatement (1564). *Différences qui existent lorsque la propriété des biens dotaux reste à la femme.*

II.

Le mari a sur les biens dotaux dont la femme conserve la propriété un droit d'administration et un droit de jouissance (1549). *Droit d'administration et de jouissance du mari sur les biens dotaux dont la femme conserve la propriété.*

Il peut les louer, mais sous les restrictions indiquées dans les art. 1429 et 1430. *Baux.*

Il doit faire les réparations d'entretien et les grosses réparations. Les premières sont à sa charge. Pour les secondes, indemnité lui est due par sa femme à la dissolution du mariage. *Réparations.*

Il peut poursuivre sans le concours de sa femme les débiteurs des biens dotaux. Il peut exercer les actions personnelles, tant immobilières que mobilières, et toucher par suite sur sa quittance les sommes dotales. Il peut aussi exercer les actions réelles, tant immobilières que mobilières, tant pétitoires que possessoires. Il y a là une diffé- *Exercice des actions.*

rence avec le régime de communauté et celui sans communauté. Sous ces deux régimes le mari n'a que l'exercice des actions mobilières et immobilières possessoires, ce qui exclut le pouvoir d'exercer les actions immobilières pétitoires (1428).

Responsabilité du mari administrateur. Le mari administre sous sa responsabilité et il doit indemniser sa femme de tout dommage provenant de son fait ou de sa négligence.

Fruits naturels ou civils des biens dotaux. Charges du mariage.

Le mari est soumis aux obligations de l'usufruitier. Il a droit aux fruits naturels ou civils des biens dotaux sans être obligé d'en rendre compte à sa femme, mais il est tenu de supporter toutes les charges du mariage et il est soumis à toutes les obligations de l'usufruitier. Ainsi il est responsable du défaut d'entretien (605); il doit faire dresser un inventaire des meubles (600), et un état des immeubles dotaux (600); il est tenu de supporter, sans recours contre sa femme, les réparations d'entretien et toutes autres charges annuelles des héritages, telles que les contributions (608), et les intérêts des dettes du constituant, quand son droit de jouissance porte sur une universalité de biens (612).

Différences qui existent entre le droit de jouissance du mari et l'usufruit proprement dit. Mais le droit de jouissance du mari diffère sous plusieurs rapports de l'usufruit proprement dit. Ainsi le mari ne donne pas caution, à moins qu'il n'y ait été assujetti par le contrat de mariage. Indemnité lui est due pour les coupes qu'il avait droit de faire et qu'il n'a pas faites (590). Il peut se faire restituer toutes les dépenses nécessaires et les dépenses utiles jusqu'à concurrence de la plus-value qui existe à l'époque de la cessation de sa jouissance (599); et il acquiert jour par jour les fruits naturels et les fruits civils (1574).

La femme peut se réserver le droit par le contrat de toucher une partie de ses revenus. La femme peut stipuler par le contrat de mariage qu'elle touchera annuellement sur ses seules quittances, une partie de ses revenus pour son entretien et ses besoins personnels. Elle peut même, puisque la loi ne le défend point, se réserver l'administration et la jouissance de certains biens (1549).

III.

Les imeubles dotaux sont inaliénables.

Conséquences. Les immeubles constitués en dot ne peuvent être aliénés ou hypothéqués pendant le mariage (1554) d'où il suit qu'ils ne peuvent être grevés d'aucune servitude; que la femme ne peut pas renoncer au profit d'un créancier de son mari, à l'hypothèque légale qui garantit la restitution de la dot immobilière, c'est-à-dire l'indemnité qui lui est due lorsque le mari détériore les immeubles dotaux ou lorsqu'il les perd en les laissant prescrire; et qu'enfin les immeubles dotaux ne peuvent pas servir de gage aux créanciers qui ont traité pendant le mariage avec la femme autorisée de son mari ou de justice.

La dot mobilière est- Que faut-il décider à l'égard de la dot mobilière ? Est-elle aussi inaliénable? La question ne présente pas d'intérêt lorsque la dot comprend une somme d'argent ou des choses fongibles, puisque le mari en devient propriétaire et qu'il peut en disposer comme bon lui semble. Cependant, comme dans ce cas la femme est créancière de son mari et que sa créance est garantie par une hypothèque légale sur les immeubles de celui-ci, si la dot mobilière est inaliénable, la femme ne pourra pas renoncer à son hypothèque légale en faveur d'un créancier du mari ; elle le pourra si l'aliénation est permise. C'est surtout lorsque la dot comprend des meubles que la question présente de l'intérêt, car si elle est aliénable les meubles pourront être vendus même sur la poursuite d'un créancier.

elle aussi inaliénable ?

Intérêt de la question.

Suivant la doctrine la dot mobilière est aliénable ; mais la jurisprudence décide qu'elle est inaliénable.

Par exception la loi permet l'aliénation des immeubles dotaux dans les circonstances suivantes :

Cas dans lesquels la loi permet, par exception, d'aliéner les immeubles dotaux.

1º La femme peut aliéner l'immeuble dotal à l'amiable, avec autorisation de son mari ; ou, sur son refus, avec celle de justice : pour l'établissement par mariage ou autrement, des enfants qu'elle a eus d'un premier lit, et pour toute espèce de cause lorsque l'aliénation a été autorisée par le contrat de mariage (1555 et 1557), si l'aliénation n'a été permise qu'à la charge de faire emploi, l'acheteur doit veiller à ce que l'emploi soit fait s'il veut se libérer valablement.

Etablissement des enfants du premier lit.

Obligation de l'acheteur lorsqu'il y a lieu de faire emploi du prix.

Malgré l'aliénation le mari conserve la jouissance des immeubles s'il n'a pas donné son autorisation.

Jouissance des immeubles vendus sans l'autorisation du mari.

L'immeuble stipulé aliénable par le contrat n'est pas cependant susceptible d'être hypothéqué.

La faculté d'aliéner n'emporte pas celle d'hypothéquer.

2º La femme peut aliéner l'immeuble dotal, à l'amiable, mais seulement avec le consentement du mari, pour l'établissement des enfants communs (1556).

Etablissement des enfants communs.

3º Enfin la femme peut, avec une autorisation de justice et non celle du mari, aliéner l'immeuble dotal, non plus à l'amiable, mais aux enchères et après trois affiches, savoir : pour tirer de prison le mari ou la femme, lorsqu'il s'agit d'un emprisonnement pour dettes ; pour fournir des aliments à la famille dans les cas prévus par les art. 203, 205 et 206 au titre du mariage, pour payer les dettes de la femme ou de ceux qui ont constitué la dot, lorsque ces dettes ont une date certaine antérieure au contrat de mariage ; pour faire de grosses réparations indispensables à la conservation de l'immeuble dotal, lorsque l'immeuble dotal se trouve indivis avec des tiers et qu'il est reconnu impartageable. Dans tous ces cas l'excédant du prix de la

Emprisonnement pour dettes de l'un des époux.

Aliments à la famille.

Dettes antérieures à la constitution de dot.

Grosses réparations.

Immeuble dotal, indivis et impartageable.

vente au-dessus des besoins reconnus reste dotal et il doit en être fait emploi comme tel au profit de la femme (1558).

Créanciers antérieurs de la femme.

Lorsque la dot est constituée par la femme avec ses biens propres, ses créanciers antérieurs dont les titres ont date certaine peuvent faire vendre les immeubles dotaux, surtout lorsque la dot a été constituée en fraude de leurs droits, mais lorsque le mari est de bonne foi, ils ne peuvent saisir que la nue propriété seulement, car les immeubles doivent l'aider à supporter les charges du mariage.

Créanciers antérieurs du tiers constituant.

Lorsque la dot est constituée par un tiers et qu'elle comprend l'universalité des biens du constituant ses créanciers antérieurs peuvent faire saisir les biens dotaux. Mais si la dot ne comprend, par exemple, qu'un immeuble, les créanciers ne peuvent pas le faire saisir à moins qu'il ne soit grevé d'hypothèque ou que la dot n'ait été constituée en fraude de leurs droits.

Dans ces divers cas on décide que les époux peuvent obtenir en justice l'autorisation de vendre les immeubles dotaux sans attendre les poursuites des créanciers.

Immeuble dotal licité. — Adjudication au profit du mari. Option de la femme.

Lorsque l'immeuble dotal est licité dans le cas prévu par l'article 1558, si le mari s'en rend adjudicataire la femme pourra opter à l'époque de la dissolution du mariage conformément à l'art. 1408, et par suite conserver pour elle l'immeuble en entier ou l'abandonner à son mari.

Echange de l'immeuble dotal. Conditions.

L'immeuble dotal peut être échangé, mais avec le consentement de la femme, contre un autre immeuble de même valeur, pour les quatre cinquièmes au moins, en justifiant de l'utilité de l'échange, en obtenant l'autorisation en justice, et d'après une estimation par experts nommés d'office par le tribunal. Dans ce cas l'immeuble reçu en échange est dotal; l'excédant du prix, s'il y en a, l'est aussi, et il doit en être fait emploi comme tel au profit de la femme (1559).

Aliénation de l'immeuble dotal faite en dehors des cas exceptionnels prévus par la loi. Révocation.

Lorsque en dehors des cas exceptionnels énumérés ci-dessus, la femme ou le mari, ou tous les deux conjointement, aliènent le fonds dotal, la femme ou ses héritiers peuvent faire révoquer l'aliénation après la dissolution du mariage, sans qu'on puisse leur opposer aucune prescription pendant sa durée; la femme a le même droit après la séparation de biens. Le mari lui-même peut faire révoquer l'aliénation pendant le mariage, mais il demeure sujet aux dommages-intérêts de l'acheteur, s'il n'a pas déclaré dans le contrat que le bien vendu était dotal (1560).

IV.

Les immeubles dotaux

Les immeubles dotaux non déclarés aliénables par le contrat de mariage, sont imprescriptibles pendant le mariage, à moins que la prescription n'ait commencé auparavant. Ils deviennent néanmoins prescriptibles après la séparation de biens, quelle que soit l'époque à laquelle la prescription a commencé (1561).

Ainsi ceux des immeubles dotaux qui sont inaliénables sont aussi imprescriptibles pendant le mariage. Mais si la prescription a commencé avant, elle continue pendant et après la séparation de biens ; ces mêmes immeubles, qui restent encore inaliénables puisque le mariage n'est pas dissous, sont cependant prescriptibles.

Après la séparation la femme pourrait indirectement aliéner l'immeuble en négligeant d'interrompre la prescription.

Mais il existe des cas dans lesquels la prescription ne court pas contre la femme même après la séparation de biens. Voir à ce sujet l'art. 2256.

inaliénables sont imprescriptibles pendant le mariage, à moins que la prescription n'ait commencé auparavant. Mais ils sont prescriptibles après la séparation de biens.

V.

Sous le régime dotal, la femme peut aussi demander et obtenir sa séparation de biens lorsque sa dot est en péril (1563). La dot est en péril lorsque, par exemple, le mari détériore l'immeuble dotal en le démolissant pour vendre les matériaux, lorsqu'il fait des coupes auxquelles il n'a pas droit, ou lorsque ses créanciers saisissent les fruits et revenus destinés aux charges du mariage.

Lorsque la dot est en péril, la femme peut demander sa séparation de biens.

Cette séparation de biens a pour effet d'enlever au mari et de rendre à la femme : la jouissance des biens dotaux ; l'exercice des actions qui les concernent. Elle rend les biens prescriptibles, mais sans les rendre aliénables. La femme contribue aux charges du mariage conformément à l'art. 1448. La séparation de biens ayant été prononcée dans son intérêt, elle peut y renoncer et l'abandonner pour revenir au régime dotal.

Effets de cette séparation.

§ IV. — LA RESTITUTION DE LA DOT.

L'obligation de restituer la dot prend naissance par la dissolution du mariage, la séparation de biens, la séparation de corps et par l'absence déclarée du mari ou de la femme.

Evénements donnant naissance à l'obligation de restituer la dot.

La restitution se fait en nature lorsque la femme est restée propriétaire des objets constitués en dot, comme, par exemple, lorsque la dot consiste en immeubles ou en meubles non estimés par le contrat de mariage, ou bien mis à prix, avec déclaration que l'estimation n'en ôte pas la propriété à la femme (1564).

Cas dans lesquels la restitution se fait en nature.

Il en est autrement quant aux objets dont le mari est devenu pro-

Restitution de choses

semblables ou en
argent.

priétaire sous l'obligation de payer, soit le prix d'estimation, soit des choses semblables, si ce sont des choses fongibles qui n'ont pas été estimées. Le mari doit alors rendre la somme d'argent ou la quantité.

Exemples.

Lorsque, par exemple, la femme a constitué en dot des diamants, un meuble, si ces objets ont été livrés au mari sans estimation ou avec estimation, accompagnée de la clause qu'elle ne vaut pas vente, le mari devra restituer les mêmes diamants, le même meuble. Si elle a constitué en dot une maison sans estimation ou avec estimation non suivie de la clause qu'elle vaut vente, c'est cette maison qui doit être restituée.

Lorsque la femme a constitué en dot un usufruit ou bien une rente viagère, une créance, une action commerciale, le mari ou ses héritiers ne sont tenus que de restituer les titres, et non les fruits et intérêts ou arrérages échus pendant le mariage, lesquels sont destinés aux besoins du ménage (1568).

Dans le cas où la dot comprend des obligations ou constitutions de rente qui ont péri, ou souffert des retranchements non imputables à la négligence du mari, il n'en est point tenu, et il en est quitte en restituant les contrats (1567).

Si les meubles dont la propriété est restée à la femme ont dépéri par l'usage et sans la faute du mari, il n'est tenu de rendre que ceux qui restent et dans l'état où ils se trouvent (1566).

Les linges et hardes de
la femme.

Mais la femme peut, dans tous les cas, retirer les linges et hardes à son usage, sauf à précompter leur valeur lorsque les linges et harde sont été primitivement constitués avec estimation (1566). Il existe ici deux dérogations aux principes du droit commun, en matière de restitution de dot : lorsque la femme est restée propriétaire des linges et hardes constitués en dot, le mari devrait pouvoir se libérer en les lui rendant dans l'état où ils se trouvent et il devrait aussi pouvoir exiger de sa femme la remise des vêtements qui lui servent actuellement, puisqu'ils ont été achetés aux frais du mari ; mais la loi considère qu'au moment de la dissolution du mariage les linges et hardes constitués en dot sont probablement usés ou sans valeur, et elle leur subroge ceux qui servent à l'usage actuel de la femme en permettant à celle-ci de les retirer. La seconde dérogation est celle-ci : lorsque le mari est devenu propriétaire des linges et hardes constitués, sous l'obligation de rendre le prix d'estimation, ce qui arrive quand la femme constitue en dot son mobilier avec estimation, sans déclarer que l'estimation ne vaut pas vente, le mari n'est débiteur, suivant le droit commun, que du prix d'estimation, et il est propriétaire des linges et hardes de la femme sans exception ; mais ici encore la loi fait fléchir la rigueur du principe, en autorisant la femme à retenir les linges et hardes à son usage actuel, sous l'obligation de déduire leur valeur sur le prix d'estimation dont elle est créancière. Le mari doit combler de ses deniers la différence en moins, s'il en existe une, entre le trousseau que la femme conserve et l'ancien trousseau. Si le trousseau actuel est supérieur en valeur au prix d'estimation du trousseau constitué, la femme ne doit pas compte de la différence. C'est un cadeau que lui fait son mari ; mais si cet excédant est supérieur à la quotité disponible, les héritiers à réserve peuvent en demander la réduction.

Le mari doit restituer la dot aussitôt que l'obligation a pris naissance lorsqu'il est débiteur de corps certains, meubles ou immeubles, parce que, ces corps certains étant en sa possession, il lui est facile de les rendre immédiatement ; mais lorsqu'il est débiteur d'une somme d'argent ou de toute autre quantité, la restitution ne peut en être exigée qu'un an après, parce que dans ce cas la loi suppose que le mari n'est peut-être pas en mesure de se se libérer de suite (1564-1565). La loi n'accorde aucun délai au mari lorsque la restitution a lieu après séparation de corps ou de biens (1444). *Délai pour la restitution de la dot.*

Sous tous les régimes, la femme qui demande la restitution de sa dot doit prouver que le mari l'a reçue. Cependant il existe une exception pour le régime dotal, lorsque la dot est constituée, non par la femme, mais par un tiers. Cette exception est prévue par l'art. 1569 : *La femme qui réclame sa dot est obligée de prouver que le mari l'a reçue. Exception prévue par l'art. 1569.*
» Si le mariage a duré dix ans depuis l'échéance des termes pris pour
» le payement de la dot, la femme ou ses héritiers pourront la répéter
» contre le mari après la dissolution du mariage, sans être tenus
» de prouver qu'il l'a reçue, à moins qu'il ne justifiât de diligences
» inutilement par lui faites pour s'en procurer le payement. »

Ainsi, dix ans après l'échéance du terme, le mari est tenu, pour échapper aux poursuites de sa femme, de justifier qu'il a fait des diligences restées infructueuses. Mais lorsqu'il paye à sa femme une dot qu'il n'a pas reçue, le constituant ne serait pas fondé à lui opposer l'art. 1569 pour ne pas se libérer.

Lorsque le mariage est dissous par la mort de la femme, l'intérêt et les fruits de la dot à restituer courent de plein droit au profit de ses héritiers depuis le jour de la dissolution. Si c'est par la mort du mari, la femme a le choix d'exiger les intérêts de sa dot pendant l'an du deuil, ou de se faire fournir des aliments pendant ledit temps aux dépens de la succession du mari ; mais, dans les deux cas, l'habitation durant cette année, et les habits de deuil, doivent lui être fournis sur la succession, et sans imputation sur les intérêts à elle dus (1570). *Intérêts et fruits de la dot à restituer. La femme peut choisir entre les intérêts de sa dot et des aliments pendant une année. Elle a droit dans tous les cas à l'habitation*

Les héritiers de la femme n'ont pas le choix entre les intérêts et les aliments, et ils n'ont pas droit à l'habitation ni aux habits de deuil pendant l'année. Ces deux avantages sont personnels à la femme qui n'en profite qu'en cas de dissolution du mariage.

On voit que la femme mariée sous le régime dotal est mieux traitée que la femme commune en biens, puisque celle-ci n'a droit à l'habitation et à l'entretien que pendant les trois mois et quarante jours qui lui sont accordés pour faire inventaire et délibérer (1465).

A la dissolution du mariage, les fruits des immeubles dotaux se partagent entre le mari et la femme et leurs héritiers, à proportion du temps qu'il a duré pendant la dernière année. L'année commence à partir du jour où le mariage a été célébré (1571). Il en est de même après la séparation de corps ou de biens.

Sous le régime de la communauté, les fruits civils s'acquièrent jour par jour, et les fruits naturels par la perception. Sous le régime dotal, au contraire, et même sous le régime sans communauté, car les raisons sont les mêmes pour ces deux régimes, les fruits naturels, comme les fruits civils, s'acquièrent jour par jour. Le régime de communauté établit entre les époux une si grande confusion d'intérêts, qu'il n'est pas nécessaire d'entrer dans un examen tel qu'il faille compter jour par jour. Le régime dotal, au contraire (et ceci s'applique

aussi au régime sans communauté, c'est du moins la pensée de plusieurs auteurs), sépare les intérêts des époux ; le mari n'a pour supporter les charges du ménage que la jouissance des biens dotaux, il n'attend rien de plus de sa femme. Il faut donc qu'il ait rigoureusement une jouissance correspondant au temps pendant lequel il a supporté les charges du mariage. Ainsi, à chaque année complète du mariage, la recette entière de l'année, si l'année de sa dissolution n'est que commencée ; à la fraction commencée, une portion de la récolte correspondant à cette fraction. La recette produite par la récolte faite avant ou après la dissolution mais dans l'année de cette dissolution, ou de la séparation de corps ou de biens, se fractionne en trois cent soixante-cinq parties. Si, par exemple, le mariage est dissous trois mois après l'année commencée, le mari en garde quatre-vingt-dix et doit le surplus à sa femme ou ceux qui la représentent. Quant aux récoltes qui ont lieu, non par année, mais après une longue série d'années, comme les coupes de bois qui se font tous les vingt ans, il faut considérer les années du mariage, composées non plus de douze mois, mais de la série d'années qui sépare une récolte de l'autre ; dans notre espèce, de vingt années, si le mariage a duré trois années, ces trois années ordinaires formeront trois vingtièmes de l'année ainsi composée. Si donc la coupe a été faite avant la dissolution du mariage, le mari la rendra, moins trois vingtièmes ; si elle est postérieure à sa dissolution, la femme lui en devra les trois vingtièmes.

La femme et ses héritiers n'ont point de privilége pour la répétition de la dot sur les créanciers antérieurs à elle en hypothèque, c'est-à-dire ceux qui priment son hypothèque légale (1572, 2121 et 2135).

La restitution de la dot n'est garantie que par l'hypothèque légale de la femme sur les biens du mari.

§ V. — LES BIENS PARAPHERNAUX. — LE RÉGIME DOTAL AVEC SOCIÉTÉ D'ACQUÊTS. — LES RÈGLES PARTICULIÈRES AU RÉGIME DOTAL.

I.

La femme mariée sous le régime dotal est, quant à ses paraphernaux, dans une position absolument analogue à celle d'une femme mariée sous le régime de la séparation de biens.

Sont paraphernaux tous les biens de la femme qui n'ont pas été constitués en dot (1574).

Biens paraphernaux.

Si tous les biens de la femme sont paraphernaux, et s'il n'y a pas de convention dans le contrat pour lui faire supporter une portion des charges du mariage, la femme y contribue jusqu'à concurrence du tiers de ses revenus (1575).

Contribution de la femme dans les charges du mariage.

La femme a l'administration et la jouissance de ses biens paraphernaux, mais elle ne peut les aliéner ni paraître en jugement à raison desdits biens, sans l'autorisation du mari, ou, à son refus, sans la permission de la justice (1576).

L'administration et la jouissance des biens paraphernaux.

Aliénation.

Si la femme donne sa procuration au mari pour administrer ses biens paraphernaux avec charge de lui rendre compte des fruits, il est tenu vis-à-vis d'elle comme tout mandataire (1577).

Procuration au mari.

Si le mari a joui des biens paraphernaux de sa femme, sans mandat, et néanmoins sans opposition de sa part, il n'est tenu, à la dissolution du mariage, ou à la première demande de la femme, qu'à la restitution des fruits existants, et il n'est point comptable de ceux qui ont été consommés jusqu'alors (1578). Mais s'il a joui des biens paraphernaux malgré l'opposition constatée de la femme, il est comptable envers elle de tous les fruits tant existants que consommés (1579).

Obligations du mari administrateur des biens de la femme.

Le mari qui jouit des biens paraphernaux est tenu de toutes les obligations de l'usufruitier (1580).

6

II.

Régime dotal avec société d'acquêts.

En se soumettant au régime dotal, les époux peuvent néanmoins stipuler une société d'acquêts, et les effets de cette société sont réglés comme il est dit aux art. 1498 et 1499. Nous savons d'ailleurs par l'art. 1387 que les époux peuvent régler leurs rapports pécuniaires comme ils le jugent à propos.

III.

Les règles particulières au régime dotal.

Les règles particulières au régime dotal sont :

1° La paraphernalité est le droit commun, la dotalité l'exception (1540);

2° Le mari a l'exercice des actions pétitoires (1549) ;

3° Les immeubles dotaux sont inaliénables (1554);

4° Imprescriptibles (1560, 1561);

5° Le mari, débiteur d'une quantité, a un an pour s'acquitter (1565);

6° Le mari est présumé avoir reçu la dot ou être en faute s'il ne l'a pas reçue, lorsqu'il s'est écoulé dix ans depuis son exigibilité (1569) ;

7° La femme veuve a droit à la nourriture et au logement, aux frais de la succession du mari pendant un an (1570);

8° Les fruits naturels s'acquièrent jour par jour comme les fruits civils (1571) ;

9° Enfin, on peut soutenir que l'art. 1573 contient une neuvième règle propre au régime dotal.

FIN.

TABLE DES MATIÈRES

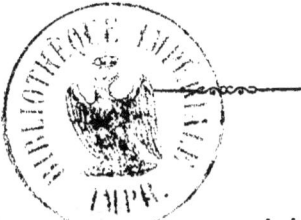

§ III. — Le passif de la communauté.

§ IV. — Dettes a la charge personnelle des époux.

§ V. — Les droits du mari.

IV. — § PREMIER.

IV. — § II.

— 89 —

§ X. — DISPOSITION RELATIVE A LA COMMUNAUTÉ LÉGALE, LORSQUE L'UN DES ÉPOUX OU TOUS DEUX ONT DES ENFANTS DE PRÉCÉDENTS MARIAGES.

CHAPITRE III. — DU RÉGIME DOTAL.

§ PREMIER. — CE QUE C'EST QUE LE RÉGIME DOTAL ET QUELS BIENS SONT DOTAUX.

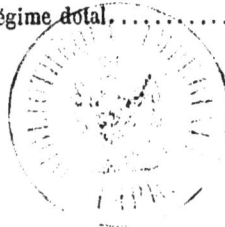

FIN.

Paris. Typ. F. MALTESTE et C°, rue des Deux-Portes-St-Sauveur, 22.